Ralf Bihlmaier

Die Lösung

Ralf Bihlmaier

Die Lösung

Mit der Kraft der Gedanken in ein neues Leben – Die Mentale Resonanz Methode

Kösel

Hinweis
Alle in diesem Buch vorgestellten Übungen und Anleitungen stammen aus der langjährigen Praxis des Autors. Sie ersetzen jedoch keine eventuell notwendige psychologische und/oder medizinische Unterstützung. Die Anwendung der Übungen erfolgt in eigener Verantwortung. Eine Haftung irgendwelcher Art seitens des Autors, des Verlags oder anderer, die mit der in diesem Buch vorgestellten Methode arbeiten, wird ausdrücklich ausgeschlossen.

MIX
Papier aus verantwortungsvollen Quellen
FSC www.fsc.org FSC® C014496

Verlagsgruppe Random House FSC® N001967

5. Auflage

in der Verlagsgruppe Random House GmbH,
Neumarkter Str. 28, 81673 München
Umschlag: Monika Neuser, München
Druck und Bindung: GGP Media GmbH, Pößneck
Printed in Germany
ISBN 978-3-466-30944-3
www.koesel.de

Dieses Buch ist auch als E-Book erhältlich.

Inhalt

Vorwort

Was uns alle verbindet, was alle Menschen gemeinsam haben, ist der Wunsch, glücklich zu sein. Alles, was wir anstreben, und was immer wir tun, es dient letztlich nur einem Ziel: glücklich zu sein und ein Leben zu führen, das uns erfüllt.

Ich bin heute erfolgreich und glücklich. Aber das war nicht immer so. Noch vor wenigen Jahren war mein Leben ein einziges Chaos. Meine Ehe war kaputt, ich hatte einen Schuldenberg angehäuft und keine berufliche Perspektive. Alles, was ich anfasste, ging schief.

Schließlich war ich völlig am Ende, zermürbt und depressiv von den Anstrengungen, vom Lebenskampf und den ständigen Niederlagen. Schließlich erlitt ich sogar einen Herzinfarkt.

Spätestens an diesem Punkt war klar: Ich will und ich muss mein Leben in den Griff bekommen. Als dieser Entschluss feststand, habe ich zunächst einmal versucht herauszufinden, wie das Leben überhaupt funktioniert. Es kann doch nicht zugehen wie in einer Lotterie? Der eine hat Pech, der andere hat Glück. Der eine ist oben, der andere unten. Ich konnte mir beim besten Willen nicht vorstellen, dass das Leben wie ein Würfelspiel läuft oder dass Beliebigkeit und Willkür regieren. Ich habe schon immer an Gerechtigkeit geglaubt und daran, dass das Leben an sich vollkommen ist. Deshalb wollte ich jetzt wissen:

Welche Regeln und inneren Gesetze liegen ihm zugrunde? Was ist das Geheimnis des Lebens?

Zunächst las ich viele Bücher. Wenn ich es mir leisten konnte, nahm ich an Seminaren teil, manchmal suchte ich einen Berater oder Coach auf.

Irgendwann hatte ich das Gefühl, alles zu wissen, was notwendig ist, um meinem Leben eine neue Richtung zu geben. Aber noch immer gelang es mir nicht, meinen Alltag zu verändern.

»Es ist nicht genug zu wissen, man muss es anwenden. Es ist nicht genug zu wollen, man muss es auch tun.«
Johann Wolfgang von Goethe

Vom theoretischen Wissen zur praktischen Umsetzung

Das Wissen allein genügt nicht. Ich war zu diesem Zeitpunkt ein Mann der Theorie und nicht der Praxis. Solange ich ein Buch las, hörte sich alles wunderbar an, aber am nächsten Tag, wenn es an der Tür klingelte und der Gerichtsvollzieher vor mir stand, kam die alte Panik zurück. Meine innere Ruhe und meine Gelassenheit waren binnen einer Sekunde wie weggeblasen: In mir liefen die alten Muster ab und ich lebte meine gewohnte Realität.

Mir wurde klar: Ich brauche eine Technik, die ich im Alltag anwenden kann, um aus meinen konditionierten Programmen und eingefahrenen Verhaltensweisen herauszukommen. Und so begann ich, eine eigene, schlüssige und praktikable Methode zu entwickeln, mit der ich mein Leben verändern konnte: die Mentale Resonanz Methode. Diese aus fünf Schritten bestehende Methode zu entwickeln dauerte einige Jahre. Als sie zum ersten Mal funktionierte, spürte ich: Jetzt bewegt sich etwas in mir! Zunächst wandelte sich meine tiefste innere Einstellung, und dann veränderte sich meine Realität, meine Lebenswirklichkeit. Natürlich nicht von heute auf morgen, sondern sukzessive, Stück für Stück. In dem Maße, in dem ich an mir arbeitete, veränderte sich mein ganzes Leben zum Positiven.

Heute weiß ich aus eigener Erfahrung, was ich schon immer geahnt habe:

Wir selbst sind die Schöpfer unseres Lebens, wir können das Leben erschaffen, das wir wirklich aus tiefstem Herzen haben wollen. Wie das genau funktioniert, möchte ich Ihnen gerne vermitteln.

Alles, einfach alles im Leben, was uns widerfährt, ist Ausdruck dessen, was wir selbst mit unserem Denken und Fühlen erschaffen. Nichts geschieht in unserem Leben, ohne dass wir es auf irgendeine Art und Weise selbst verursacht hätten. Ich weiß, nach dieser Behauptung schütteln viele von Ihnen, liebe Leserinnen und Leser, ungläubig den Kopf, weil diese Vorstellung die Möglichkeiten Ihres bisherigen Denkens sprengt. Oder aber, weil dieser Gedanke zu viel Verantwortung auf Ihre Schultern lädt, vielleicht sogar Schuldgefühle in Ihnen hervorruft. Sie könnten jetzt dieses Buch beiseitelegen, dann wird sich jedoch für Sie nichts verändern. Oder aber Sie lernen die Welt und Ihr eigenes Leben anders als bisher zu betrachten und erweitern dadurch Ihr Denken und Ihre Möglichkeiten.

Beobachten Sie Ihren Alltag, Ihre Erfahrungen und die Menschen in Ihrem Umfeld. Sie spiegeln all das, wer oder was Sie sind. Sie selbst definieren alles in jedem Augenblick neu. Nichts muss so bleiben wie es ist, Sie können alles verändern. Es liegt allein an Ihnen.

Die Gesetze des Lebens

Auf der Suche nach mir selbst

Ich finde mich auf einer Matratze in einer Lagerhalle wieder. Der kalte Steinfußboden unter, die Neonleuchte über mir. Schon seit Wochen habe ich kein richtiges Dach mehr über dem Kopf. Ist diese Lagerhalle jetzt mein Zuhause?! Erbärmlich. Wie weit können Menschen sinken? Wie tief konnte ich fallen? Und wie hoch war ich geflogen! Ich bin nicht einmal mehr verzweifelt. Ich bin einfach nur leer. »Gut, dass es hier keinen Spiegel gibt«, denke ich, »denn ich kann meinen jämmerlichen Anblick selbst nicht mehr ertragen. Wenn ich morgen früh nicht mehr aufwache, ist es auch okay.« Aber dann steigen wieder die vertrauten Schuldgefühle in mir hoch wie beißende, zähe Säure: drei kleine Kinder, für die ich keinen Unterhalt zahlen kann, meine Mutter in einem mit meinen Schulden belasteten Haus, meine Ehefrau Gaby, Jutta, meine Geliebte ... Mir wird schlecht. Mir geht's so beschissen, dass ich nicht einmal mehr den Wunsch zu sterben aufrechthalten kann.

▪▪▪

Meine Frau Jutta meint, nach der vielen Arbeit während der vergangenen Monate wären ein paar Tage am Gardasee angesagt. Die Firma würde es überleben, wenn wir ein wenig ausspannen und Sonne tanken. Unseren Hund wisse sie bei den Nachbarn in besten Händen und mit Laptop und Handy seien wir notfalls immer erreichbar. Die Autowerkstatt hätte übrigens wegen der Heckscheibe angerufen, der Elektriker käme morgen, um nach der Sauna zu sehen, und eine Firma im Hessischen hätte mich für ein mehrtägiges Führungskräftecoaching gebucht. Ach ja, mein ältester Sohn bitte um Rückruf. Sie reicht mir den Hörer und lässt sich neben mich auf das Sofa fallen. Im Kamin lodert ein gemütliches Feuer.

Zwischen diesen beiden Momentaufnahmen liegen nicht einmal zehn Jahre. Beide Szenen gehören zu meinem Leben. Keine Silbe ist erfunden, kein Satz übertrieben.

Was bewirkt *was* im Leben?

Warum haben einige Menschen Erfolg, sind glücklich, gesund und zufrieden, während bei anderen einfach alles schief läuft? Egal, was sie anpacken, nichts will gelingen. Ist es Schicksal? Ist es Pech? Faulheit? Oder Unvermögen?

Was bewirkt *was* im Leben? Wie hängen die Ereignisse zusammen? Gibt es einen Masterplan, dem wir ausgeliefert sind? Sind wir Hamster im Rad, Heringe im Heringsschwarm? Oder sind wir der Architekt unseres Daseins? Wie lauten die Gesetze des Lebens?

Das herauszufinden, habe ich mir zur Aufgabe gemacht, als 1996 nach meinem wirtschaftlichen Zusammenbruch, einem Herzinfarkt und inmitten meines privaten Chaos mein Lebensraum auf 90 cm Breite und 1,90 m Länge, also auf die Größe meiner Matratze, begrenzt war. Ich begriff, dass es nur zwei Möglichkeiten gibt: Entweder ich gebe mich auf oder ich lerne, wie das Leben tatsächlich funktioniert, und erschaffe dann das Leben, das ich wirklich haben will.

Im Laufe der Zeit wurde mir klar, dass das Leben gar kein Geheimnis ist. Vielmehr folgt es Gesetzmäßigkeiten, die jeder erkennen und für sich nutzen kann. Wir haben nur nie gelernt, die Sprache zu verstehen, in der sich das Leben uns offenbart. Das ist das einzige Problem, wenn man denn überhaupt von einem Problem sprechen kann. Seit ich das weiß, versuche ich nicht nur, das Leben zu begreifen, sondern auch, ihm eine Stimme zu geben und seine Regeln in Worte zu übersetzen, die jedermann versteht.

Zurück auf meine Matratze: Damals wusste ich gar nicht, wer ich wirklich bin. Ich funktionierte in meinen Konditionierungen, in Mustern und Programmen, die mir jedoch überhaupt nicht bewusst waren. Da mir der Blick nach innen fremd war, suchte ich stets im Außen nach Lösungen für meine Probleme. Statt mich zu fragen, was mir gerecht wird und was meinem Wesen entspricht, griff ich in meiner Verzweiflung nach jedem Strohhalm, den andere mir hinhielten.

Einer dieser Strohhalme kam in Gestalt eines sündhaft teuren Staubsaugers daher, der im sogenannten Strukturvertrieb an den Mann oder an die Frau gebracht werden sollte. Aus heutiger Sicht muss ich einräumen: Niemals zuvor und niemals danach habe ich mich selbst so vergewaltigt wie in diesem Job. Ich wurde eine Woche lang in den USA mit 4000 Kollegen aus der ganzen Welt für den Staubsauger-Verkauf geschult, besser gesagt: Wir wurden »eingepeitscht« und »eingeschworen«. Zurück in Deutschland galt es, telefonisch 16 Vorführtermine zu akquirieren. Nur dem, der 16 Termine nachweisen konnte, wurde überhaupt ein Vorführgerät zur Verfügung gestellt. Über das, was man unternahm und wie man es tat, wurden tägliche Reporte eingefordert. Blieben die erwarteten Erfolge aus, stand man als Verlierer am Pranger und wurde von psychologisch besonders raffinierten Mitarbeitern des letzten Quäntchens Selbstbewusstsein beraubt. Erfolg, also verkaufte Einheiten, war alles. Ohne Einheiten war alles nichts und man selbst war nichts.

Die erfolgreichsten Verkäufer brachten uns alle möglichen Tricks bei, um einen Kunden weichzuklopfen. In meinem Kopf raste nur noch die Zahl »Zehn«. »Zehn Staubsauger pro Monat, dann kann ich meinen finanziellen Verpflichtungen nachkommen. Zehn! Zehn! Das muss doch zu schaffen sein.« In meinem besten Monat verkaufte ich sieben und meine Integrität. Noch heute steigt mir die Schamesröte ins Gesicht, wenn ich daran denke, wie ich im Rahmen meiner Ausbildung einen Top-Verkäufer begleitete, der einer 80-jährigen Dame im Seniorenapartment einen 2000 DM teuren Staubsauger andrehte. Dieser

Ausflug in die Welt der Staubsauger war zwar schnell zu Ende, aber die Erinnerung an eine Arbeit ohne Moral und Ethik hat mich noch viele Jahre bis in den Schlaf verfolgt. Sie war aber insofern wertvoll für mich, als ich gemerkt habe, dass ich bei aller Verzweiflung und trotz aller Existenzsorgen noch ein funktionierendes Wertesystem hatte. Ich wusste noch, was gut und was böse ist, ich konnte noch die Stimme meines Gewissens wahrnehmen, die laut und unüberhörbar war: Lieber verhungere ich, als dass ich mich weiterhin selbst vergewaltige. Wenn ich mir nicht treu bin, verliere ich die Achtung vor mir selbst. Sich selbst treu zu sein, verschafft hingegen Selbstachtung.

Die innere Stimme ist der Wegweiser, über den wir in allen Lebenslagen verfügen. Egal, ob wir alt oder jung, arm oder reich sind, die innere Stimme verlässt uns nicht. Sie hilft uns. Wir können uns auf sie verlassen.

Wir sollten ihr viel mehr Gehör schenken, indem wir unsere Gefühle zu Wort kommen lassen und uns nicht allein auf das Urteil unseres Verstandes stützen.

Die erste Voraussetzung dafür ist, die innere Stimme überhaupt zuzulassen, sie zu beachten. Meistens kommt sie Hand in Hand mit einem Gefühl daher. Diesem Gefühl Raum zu geben und es mindestens so ernst zu nehmen wie ein stichhaltiges Argument unseres Verstandes, das ist eine Aufgabe, der wir uns täglich widmen sollten. Sie werden im Laufe des Buches noch besser verstehen, warum unsere Gefühle eine so zentrale Rolle einnehmen.

Nicht auf den Wunsch, auf die Absicht kommt es an

Ich dachte mir: Wenn es möglich ist, Menschen für mehrere Tausend Mark einen Staubsauger zu verkaufen, dann muss es doch erst recht möglich sein, sie von einer sinnvollen Investition zu überzeugen. 1998 gründete ich meine Firma »Allsolar« Vertrieb für thermische Solaranlagen und zählte zu den Pionieren auf diesem Gebiet.

Die Art und Weise, auf den Kunden zuzugehen, übernahm ich aus der Staubsaugerbranche. Ich baute ein Haustürgeschäft auf und verkaufte innerhalb von nur neun Monaten 100 Solaranlagen an Privathaushalte. Dabei war ich aber immer noch von denselben Ängsten getrieben und durch dieselben Muster begrenzt wie zuvor: die Existenzangst, den finanziellen Mangel, das fehlende Selbstvertrauen und die Unfähigkeit, »Nein« zu sagen. Am Ende ging die Firma deshalb genauso in die Knie, wie alles, was ich begann. Meine Absicht, Solaranlagen zu verkaufen, war voll aufgegangen, mein Wunsch, endlich Geld zu verdienen, jedoch nicht. Warum nicht? Um das zu verstehen, müssen wir begreifen, was eine Absicht ist und wie sie die Realität verändert. Was ist mit dem Wort »Absicht« gemeint? Ich spreche nicht von einem oberflächlichen, allein mit dem Verstand getroffenen Entschluss, etwas zu tun oder zu lassen. Ich spreche nicht von einem Vorsatz, dem Wankelmut oder unterschwelliger Selbstzweifel beigemischt ist. Ich spreche von einer tiefen inneren Absicht, frei von Skepsis, Zweifel oder anderen inneren Widerständen.

Eine Absicht ist ein ernsthaftes Vorhaben. Sobald wir aus unserem tiefsten Inneren eine Absicht treffen, geht diese Absicht augenblicklich in unser Unterbewusstsein über. Unser Unterbewusstsein hat eine phänomenale Eigenschaft: Es verwirklicht alles. Alles, was ich beabsichtige, wird zu 100 Prozent erledigt.

Wodurch werden unsere Absichten blockiert?

Betrachtet man es genauer, haben die meisten Absichten neben ihrem eigentlichen inhaltlichen Kern zahlreiche subtile, gut versteckte Zusatzbotschaften, die uns gar nicht bewusst sind.

Wenn sich beispielsweise eine Person eine glückliche, liebevolle Partnerschaft wünscht, ihre Absicht, einen entsprechenden Partner kennenzulernen aber von der verborgenen Überzeugung flankiert wird, selbst nicht liebenswert zu sein, wird sie es erheblich schwerer haben, ihr Ziel zu erreichen als ein Single, der an seiner Liebenswürdigkeit keinerlei Zweifel hegt, dessen Absicht also frei ist von verborgenen Aspekten.

Stellen Sie sich die Absicht wie einen Reisekoffer vor, der Sie auf Ihrem Weg begleitet. Ihr Koffer verfügt über einen doppelten Boden. Sie wissen es nicht und wundern sich nur, warum Ihr Koffer so schwer ist. Um ihn leichter zu machen, müssen Sie den doppelten Boden finden, ihn anheben und das, was Sie dort unwissentlich mitschleppen – innere Widerstände, verborgene Zweifel, falsche Glaubenssätze und subtile Zusatzbotschaften –, herausnehmen und zurücklassen.

Wenn Sie die Absicht haben, Ihr Körpergewicht um zehn Kilo zu reduzieren, aber auf unterbewusster Ebene kein Vertrauen in Ihre eigene Disziplin und Entschlusskraft haben oder wenn Essen Ihnen beispielsweise zur Kompensation negativer Gefühle dient, dann wird es ungeheuer schwer, wenn nicht sogar unmöglich, diese Absicht zu verwirklichen. Das fehlende Vertrauen oder die Ersatzhandlung stellen sich Ihnen als Hindernis in den Weg.

In dem Moment, in dem wir eine Absicht treffen, prüft unser Unterbewusstsein, ob der Verwirklichung unserer Absicht ein Glaubenssatz, eine unserer Überzeugungen oder eine andere, gegensätzliche Absicht im Wege steht. Gibt es irgendeinen Widerspruch in uns, der die Absichtsverwirklichung nicht zulässt, wird ein Verhinderungsprogramm an den Verstand geschickt. Das Unterbewusstsein meldet dem Verstand: »Geht nicht, weil …« Und nicht nur das: Wir gehen auch gleich in die Schwingung der Verhinderung. Unser emotionaler Zustand wird negativ.

Das ist leider unser tägliches Leben: »Geht nicht, weil …« Wir fühlen uns schlecht dabei, Absichten zu treffen wie etwa »Ich werde erfolgreich«, »Ich mache mich selbstständig«, »Ich werde Millionär« oder »Ich lerne meine Traumfrau kennen«. Also unterlassen wir es. Als Kinder hatten wir große Träume und Ziele. Aber als Erwachsene haben wir Hinderungsprogramme in uns, die sofort aktiv werden, sobald wir unsere Pläne mit Nachdruck verfolgen. Daher gewöhnen wir uns ab, überhaupt Pläne zu entwickeln. Wir beginnen, uns mit dem zu begnügen, was wir haben. Das ist der große Fehler! Aus diesem Prozess müssen wir heraustreten!

»Lass den Lärm anderer Leute Meinungen nicht deine eigene innere Stimme ertränken. Und am wichtigsten: Hab Mut, deinem Herzen und deiner Intuition zu folgen. Irgendwie wissen sie bereits, was du wirklich willst. Alles andere ist sekundär.«

Steve Jobs, Mitgründer und langjähriger CEO von Apple

Verborgene Inhalte sichtbar machen

Eines der Ziele der Mentalen Resonanz Methode ist es, die verborgenen Inhalte unserer Absichten aufzuspüren und bewusst zu machen, denn ohne Bewusstwerdung gibt es keine Lösung. Erst mit Bewusstwerdung aller Emotionen, die unseren Absichten innewohnen, wird uns klar, warum wir bestimmte Realitäten nicht erreichen, so sehr wir sie uns auch wünschen, und warum wir immer wieder Situationen oder Ereignisse anziehen, die wir nicht wollen.

Je reiner und unverfälschter Ihre Absicht, je weniger verborgene Inhalte sie hat, desto größer sind Ihre Erfolgsaussichten, Ihr Ziel zu erreichen.

Sie kennen den Satz: »Sein Wille hat Berge versetzt!«. Wir könnten ihn umwandeln in: »Seine Absicht hat Berge versetzt.« Dieser Satz gilt für fast alle erfolgreichen Menschen: »Das mache ich! Das ziehe ich durch! Und ich gebe keine Ruhe, bevor ich das nicht hinkriege.« So klingt eine klare Absicht und hierin unterscheiden sich erfolgreiche Menschen von erfolglosen. Es gibt Siegertypen, ewige Zweite und ständige »Verlierer«. Es heißt: »Erfolg beginnt im Kopf.« Wir könnten hinzufügen:

Erfolg beginnt mit einer glasklaren Absicht, die aus unserem tiefsten Inneren kommt, also aus dem Herz in den Kopf geht. Aus einer solchen Absicht wird Realität. Je mehr eindeutige Absichten Sie treffen, umso besser!

Unsere innerste Einstellung spiegelt sich in unseren faktischen Lebensumständen

Während der Handball-WM 2009 besuchte mich der Nationalspieler Christian Schöne. Wir saßen bei einer Tasse Kaffee zusammen, als ich ihn fragte: »Was tun Sie eigentlich hier? Warum sind Sie nicht in Kroatien?« – »Als Ergänzungsspieler bin ich leider nicht für den WM-Kader nominiert worden«, antwortete Schöne mit einem Unterton, der mehr als tausend Worte sagte. Ich erzählte ihm von den Gesetzen des Lebens und davon, dass sich unsere tiefste innere Einstellung in unseren faktischen Lebensumständen widerspiegelt.

Wenn wir unser Leben anschauen, dann blicken wir in einen Spiegel. Was wir in den Umständen unseres Alltags entdecken, zeigt, wie unsere tiefste Einstellung ist. Wir können erkennen, was wir bewusst oder unbewusst über uns selbst und unser Leben denken und wie wir fühlen.

Ich bat Christian Schöne, in seinen Spiegel zu schauen, und ich beschrieb ihm die Schlüsselrolle des Wortes *Absicht*. »Treffen Sie jetzt aus tiefstem Herzen eine Absicht!«, riet ich ihm. »Was wollen Sie wirklich?« – »Bei der WM Handball spielen. Das will ich wirklich!«, antwortete er kraftvoll und inbrünstig. »Identifizieren Sie sich mit dieser Absicht. Stellen Sie sich vor, wie es sich anfühlt, wenn Sie in Zagreb für Deutschland spielen. Identifizieren Sie sich mit diesem Gefühl. Sagen Sie innerlich ›Ja‹ dazu!« Ich konnte förmlich sehen, wie seine Absicht in Fleisch und Blut überging. Tags darauf erhielt ich eine E-Mail von ihm: Bundestrainer Heiner Brand hatte ihn nach Kroatien beordert. »Das ging von null auf hundert«, sagte er später den Medien. Noch am selben Tag flog der Sportler nach Zagreb. Wenige Stunden nach seinem Eintreffen stand der 27-Jährige auf dem Parkett und lieferte in seinem 64. Länderspiel eine ganz starke Leistung ab. Mit acht Toren bei neun

Versuchen war Schöne eine Schlüsselfigur beim 33:23-Erfolg gegen Mazedonien und dem damit verbundenen Einzug in die Hauptrunde.

»Der Handball-Überflieger« und »Vom Sofa zum WM-Star« hieß es anderntags in den Zeitungen. Von null auf hundert – wie ist das möglich?

Bestätigung aus der Quantenphysik

Die Erkenntnisse der modernen Physik bestätigen die uralten philosophischen Annahmen, dass unsere Realität ein Abbild, also eine Projektion unseres Geistes ist. Es ist allein unsere Sichtweise von der Realität, die unsere Realität erschafft. Die Quantenphysik sagt sogar, dass die Dinge überhaupt erst existieren, wenn unser Bewusstsein darauf gerichtet ist. Es gibt demnach keine Existenz, die unabhängig vom Betrachter, also absolut ist. Forscher konnten in einem Experiment zeigen, dass Quantenteilchen in ihrem Verhalten auf die Erwartung des Beobachters reagieren! Das, was wir sehen, existiert so, *wie* wir es sehen. Das ist zugegebenermaßen schwer nachzuvollziehen, da diese wissenschaftliche Erkenntnis unserem üblichen Weltbild und dem, was wir in der Schule gelernt haben, widerspricht.

Das Elektron, ursprünglich ein eher wolkiges, nicht fassbares Gebilde, wird erst im Augenblick des Beobachtens und Messens durch ein wahrnehmungsfähiges Bewusstsein zu einem Materieteilchen mit genau bestimmbarem Aufenthaltsort. Die Schlussfolgerung aus diesen Forschungen lautet nach Auffassung des international renommierten Physikers Fred Alan Wolf: »Das Universum scheint ohne einen Betrachter nicht zu existieren.« Wenn wir nun glauben, »dass alles (einschließlich der Materie) im Bewusstsein existiert und vom Bewusstsein her manipuliert wird«, wie der Physiker Amit Goswami schreibt, warum sollte es dann nicht möglich sein, unser Schicksal mit Hilfe unserer Gedanken zu beeinflussen oder gar zu leiten?

Unser Handwerkszeug dazu ist die Absicht. Die Absicht ist die Identifikation mit einer Möglichkeit aus dem Meer unendlicher Möglichkeiten des Universums, also mit einer Realität aus dem Meer unendlicher Realitäten.

Allein darum geht es – um die Identifikation! Identifikation heißt Verschmelzung: Die Absicht verschmilzt mit mir und wird Teil meiner Identität. Das ist etwas ganz anderes als ein Wunsch oder eine Sehnsucht. Was immer Sie in Ihrem tiefsten Inneren entscheiden, Ihr Unterbewusstsein wird dafür sorgen, dass sich Ihre Absicht realisiert.

»Damit kommt der Physiker, der sich mit der Materie zu befassen hat, vom Reiche des Stoffes in das Reich des Geistes. Und damit ist unsere Aufgabe zu Ende, und wir müssen unser Forschen weitergeben in die Hände der Philosophie.«

Max Planck, Nobelpreisträger und Begründer der Quantenphysik

Das *Was* ist entscheidend, nicht das *Wie*

Wir müssen uns keine Sorgen darüber machen, *wie* wir unsere Ziele erreichen. Wir müssen uns nicht darum kümmern, *wie* etwas in unser Leben kommt. Die Quantenphysik lehrt uns, dass alle Möglichkeiten des Universums bereits existieren. Unsere Aufgabe ist es, zu entscheiden, *was* wir wirklich wollen, also welche Realität wir erleben möchten. Das *Was* erschließt sich seinen Weg. Oft vergeuden wir viel Zeit mit dem *Wie* und beißen uns daran fest. Wenn wir uns auf das *Was* konzentrieren, erübrigt sich das Grübeln über das *Wie*.

Meistens begehen wir nämlich den Fehler, unseren Verstand einzubinden, der jedoch nur einen kleinen Teil aller möglichen Wege und

Chancen kennt. Die präzise Vorstellung, *wie* etwas zu sein hat und *wie* oder durch *wen* es in unser Leben kommt, begrenzt unser künftiges Leben auf den schmalen Rahmen unserer bisherigen Erfahrungen. Etwas anderes als das, was wir selber erlebt oder wovon wir gehört haben, kann sich unser Verstand gar nicht vorstellen. Solange wir aber auf einen ganz bestimmten Verlauf unseres künftigen Lebensweges fixiert sind, solange unsere Absicht nicht auf das Ziel, sondern die Art und Weise der Zielerreichung ausgerichtet ist, kann sich unser Unterbewusstsein nicht mit den potenziellen neuen Möglichkeiten außerhalb unseres bisherigen Erfahrungshorizonts beschäftigen. Wir verhindern neue Erfahrungen und nehmen uns die Chance, offen und unvoreingenommen auf Situationen zuzugehen und einer größeren Entwicklung Raum zu geben. Sich auf das *Was* zu konzentrieren, heißt natürlich nicht, untätig die Hände in den Schoß zu legen. Wer Musiker werden will, wird ein Instrument erlernen müssen, wer einen neuen Partner finden möchte, sollte sich nicht zu Hause einschließen, und wer sich beruflich verändern möchte, hat schlechte Karten, wenn er stets zu spät zum Vorstellungstermin erscheint.

In Berlin lernte ich eine PR-Redakteurin kennen, deren Mann aus der Nähe von Rostock stammt und der als Kapitän bei der Handelsmarine arbeitete. Drei bis vier Monate war er jeweils ohne Unterbrechung auf See, dann vier bis sechs Wochen zu Hause. Beide Ehepartner litten unter den langen Trennungen und wollten die Situation verändern. »Aber das geht ja leider nicht«, sagte der Kapitän jahrelang, »wo soll ich denn an Land arbeiten? Ich würde bestimmt auch viel weniger verdienen.«

Eines Tages war der Leidensdruck größer als die vermeintlichen Hindernisse. »Nächstes Jahr um diese Zeit bin ich nicht mehr monatelang unterwegs«, entschied der Kapitän. »Ich weiß noch nicht wie und wo, aber ich werde eine Alternative finden.« Die Absicht des Kapitäns war wie in Beton gegossen.

»Hast du erst einmal eine Entscheidung getroffen, vereint sich das Universum, um sie in die Tat umzusetzen.«
Ralph Waldo Emerson, amerikanischer Philosoph

Auf einer seiner folgenden Seereisen kam ein Lotse an Bord des Schiffes und begleitete es auf seiner Fahrt durch die Flussmündung in den Hafen. Während der Lotse das Kommando übernahm, beobachtete der Kapitän ihn genauer als sonst bei seiner Arbeit.

Jeder Fluss und jeder Hafen hat seine eigenen Tücken. Es kommt darauf an, dass der Lotse die Gefahren der Strecke und die Tiefe der Fahrrinne kennt und das Wechseln des Kurses sowie das Anlegen an die Pier beherrscht. Schon der kleinste Fehler kann riesigen Schaden anrichten. Ein anspruchsvoller seemännischer Beruf, gut bezahlt und mit dem großen Vorzug, dass er keine monatelangen Reisen verlangt. In diesem Augenblick schoss dem Kapitän ein Gedankenblitz durch den Kopf: »Ich will Lotse werden.«

Sofort schrieb er eine Initiativbewerbung nach Rostock. Der erste Versuch war nicht von Erfolg gekrönt. In Rostock war auf absehbare Zeit keine Stelle frei. Aber in Hamburg, so sagte man ihm, wurden Elblotsen gesucht. Nie zuvor hatte der Seemann in Erwägung gezogen, seine Heimat zu verlassen und als Ostdeutscher im Westen Deutschlands Arbeit zu suchen. Diese Möglichkeit gab es in seiner Vorstellung nicht. Jetzt aber zog er sie ernsthaft in Betracht und in diesem Augenblick eröffnete sich eine ganz neue Perspektive. Den Rest der Geschichte können Sie sich ausmalen. Als ich zuletzt mit der Berliner Redakteurin telefonierte, wartete sie gerade auf den Möbelwagen, der den gemeinsamen Hausstand Richtung Norden befördern sollte.

Die Absicht des Kapitäns hat also etwas in Gang gebracht, das zuvor außerhalb seines gedanklichen Karussells lag, in dem er jahrelang im Kreis gefahren war.

Das *Wie* hat sich gefunden, nachdem der Mann sich für das *Was* entschieden hatte. Selbstverständlich blieben ihm deswegen nicht die Umschulung und die Lotsenprüfung erspart. Wer etwas anderes als bisher sein will, muss bereit sein, es zu werden. Viele wollen etwas Besonderes sein, aber nur wenige Menschen haben die ernsthafte Absicht, es auch zu *werden*.

Das Geheimnis der Eigenmotivation

Der Rennfahrer Sebastian Vettel, der 2010 der bisher jüngste Formel-1-Weltmeister wurde, begann seine Karriere als kleiner Junge im Kartsport. Im Anschluss an einen seiner zahlreichen damaligen Siege verkündete er vor laufender Kamera: »Ich möchte später einmal Formel-1-Weltmeister werden. Nein, ich *will* Formel-1-Weltmeister werden …«

Das nenne ich eine klare Absicht! Absichten zu treffen heißt aber eben nicht, es sich anschließend im Wartezimmer des Lebens bequem zu machen. Absichten zu treffen heißt, Kräfte zu mobilisieren und zu fokussieren und sich selbst und die äußeren Umstände in Bewegung zu bringen.

> *»Egal, ob du glaubst, du kannst es,*
> *oder ob du glaubst, du kannst es nicht –*
> *du hast immer recht.«*
> Henry Ford, Gründer der Ford Motor Company

Auch Sebastian Vettel ist der Erfolg nicht einfach in den Schoß gefallen, er hat alles für sein großes Ziel gegeben, ebenso wie Michael Schumacher. Stellen Sie sich vor: Michael Schumacher fährt seit seinem vierten

Lebensjahr beharrlich im Kreis. Aber nicht einfach so, vielmehr versucht er, in jeder Runde noch besser zu fahren, als er jemals zuvor gefahren ist. Er beabsichtigt, sich täglich zu verbessern und Neues zu lernen. Bis heute hat er diesen Anspruch nicht aufgegeben.

Das ist das Geheimnis der Eigenmotivation: niemals den Anspruch aufzugeben, immer besser zu werden und nie aufzuhören, aus der bisherigen Erfahrung zu lernen. Jeder, der diesen Anspruch in einen Lebensbereich integriert, wird in diesem Bereich früher oder später erfolgreich, wenn nicht sogar einzigartig sein.

Warum ist das so? Weil wir Menschen Teil der Evolution sind. Die Evolution ist ein permanentes Verbesserungs- und Weiterentwicklungskonzept. Wir verdanken ihr die Erfindung des Rades, die Erkenntnisse der Medizin, der Chemie und der Physik genauso wie die Werke von Goethe und Schiller. Ohne die Evolution wären Mozart und Bach stumm geblieben, die Aufklärung und die Reformation hätten niemals stattgefunden. Aber es geht nicht nur um die großen Veränderungen, die Geschichte schreiben. Es geht gleichermaßen um die vielen kleinen Entwicklungsstufen, die jeder von uns erklimmt. Ohne sie wären die großen Fortschritte der Menschheit nicht möglich gewesen.

Wer die Idee der Evolution lebt, gleitet auf dieser Welle und wird von ihr getragen. Wer sich dagegen sträubt und wehrt, befindet sich in einem ständigen (Über)Lebenskampf.

»Nichts ist so beständig wie der Wandel.«
Heraklit von Ephesus (etwa 540–480 v. Chr.)

Nichts mehr zu verlieren

Bitte folgen Sie mir noch einmal auf meine Matratze. Wenn die Welt so klein geworden ist wie die meinige im Jahr 1998, wenn man nichts mehr hat, dann hat man auch nichts mehr zu verlieren. Die Woodstock-Legende Janis Joplin hatte in den 70er-Jahren einen Hit, in dem es hieß: »Freedom's just another word for nothing left to lose«, zu Deutsch: Freiheit bedeutet, nichts mehr zu verlieren zu haben.

So ist es mir damals ergangen. Wer nichts mehr zu verlieren hat, ist frei, von vorn zu beginnen, alles neu und anders zu machen. So viel Freiheit war nie. Damals jedoch konnte ich das nicht sehen und erst recht nicht genießen. Ich fühlte diese Freiheit nicht, von der ich heute weiß, dass ich sie hatte und zwar ab dem Augenblick, in dem ich alle Hoffnung losließ und mir klar wurde: »Ich kriege es vielleicht nie mehr hin. Es ist durchaus möglich, dass ich vollständig scheitere.« Ich sah mich in einer schmutzigen Jogginghose, eine Flasche Bier in der Hand, unrasiert, traurig und ohne jeden Antrieb auf einer schäbigen Couch sitzen. Als dieses innere Bild vor meinen Augen auftauchte, bäumte ich mich innerlich auf und formulierte ein lautes und deutliches »Nein«, so laut und deutlich, wie ich vermutlich noch niemals mit mir selbst gesprochen hatte. Da war keine Spur mehr von »Vielleicht«, kein klammheimlicher Zweifel, kein Hintertürchen. Da war nur noch dieses »Nein«. Laut, klar, kräftig. Und dann strömte eine bisher nie dagewesene Kraft aus meinem Brustraum, die sagte: »Und ich kriege das jetzt hin!«

Bislang hatte ich *gehofft*, es hinzukriegen, diesmal hatte ich *entschieden*, es hinzukriegen. Das »Ja« war kein aufgesetztes, gequältes, erzwungenes »Ja«, sondern ein verbindliches »Ja«, wie ein Eid, eine Verpflichtung mir selbst gegenüber.

Es war nicht mit einem haptischen Ziel verknüpft, nicht mit dem Gedanken an einen ganz bestimmten Weg und ein ganz bestimmtes materielles Ergebnis. Früher war ich wie ein Esel gewesen, dem man eine Möhre vor die Nase hielt, der ich nachgelaufen war, selbst wenn die Richtung nicht mehr stimmte. Ich hatte unbedingt diese eine Möhre haben wollen. Keine Bohne, keine Erbse, nein, eine Möhre und zwar exakt diese Möhre. Eine andere Möglichkeit hatte es für mich gar nicht gegeben. Nicht in meinen Gedanken und erst recht nicht in meiner Realität. Ich erkannte, dass ich bis zu diesem Moment durch meine bisherigen Erfahrungen begrenzt und von äußeren Anreizen abhängig gewesen war. Meine Absichten waren also nicht aus meinem tiefsten Inneren gekommen, sie waren nicht autark, sondern mit verborgenen Abhängigkeiten durchwebt gewesen.

Nun aber entschied ich mich statt für materielle Ziele für einen Zustand, und der zeigte sich als ein Gefühl – und zwar als das Gefühl, das Leben zu meistern, als das Gefühl, es hingekriegt zu haben und mit mir und der Welt im Reinen zu sein. Das war etwas ganz anderes. Es ging nicht mehr um diesen oder jenen Kontostand, um dieses Auto oder jenes Haus. Es ging einzig und allein um die Frage, wie ich mich fühlen wollte.

Unser Schwingungsfeld verändern

Durch das Fühlen und Sehen dessen, was ich nicht haben oder sein wollte (nämlich eine gescheiterte Existenz mit der Bierflasche auf der Couch), erkannte ich plötzlich den emotionalen Zustand, in dem ich mich stattdessen befinden wollte. Es bedurfte nicht mehr der Zustimmung anderer Menschen, von der ich so viele Jahre abhängig gewesen war. Es reichte, dass ich mich mit diesem Zustand mit einem klaren »Ja« identifizierte, es reichte, dass ich eine tiefe Absicht getroffen hatte, das Leben zu meistern. Denn der Gedanke schubst das korrespondierende Gefühl an, und das Gefühl wird schließlich über die Realität bestätigt. Das nennt man den Prozess des Manifestierens. Mit anderen Worten:

Unsere Gedanken sind Energie. Mit unserem Denken erschaffen wir ein Schwingungsfeld, dessen Qualität wir über unsere Gefühle »ablesen« können. Die Materie, also unsere Welt, spiegelt uns dies dann als Erfahrung wider.

Wollen wir also unsere Erfahrungen und unsere Lebensumstände verändern, müssen wir unser Schwingungsfeld verändern.

Warum wir uns selbst im Weg stehen und wie wir es ändern können

Woran liegt es, dass wir unsere Erkenntnisse nicht leben und unsere Wünsche nicht realisieren können? Das hatte ich mich wieder und wieder gefragt. Das Wissen um die Zusammenhänge allein genügt nicht. Erkenntnis und Wissen stehen stets am Anfang einer Veränderung, doch wenn das Handwerkszeug fehlt, um das Wissen anzuwenden, erstickt jeder Wandel im Keim. So erging es mir, unmittelbar nachdem ich mich entschieden hatte, mein Leben erfolgreich zu meistern.

Abends war ich mit diesem Entschluss glücklich und voller Zuversicht ins Bett gegangen. Ich wusste, was ich wollte, und ich spürte die Stärke in mir, es umzusetzen. Als am nächsten Morgen jedoch der Gerichtsvollzieher vor der Tür stand, war alles dahin: Das wunderbare Gefühl, mit mir und der Welt im Reinen zu sein, zerrann wie Sand in meinen Händen. Stattdessen war ich erfüllt von Angst, Scham, Zweifel und Hoffnungslosigkeit. Ich fühlte mich erneut hilflos, ausgeliefert, ohnmächtig, erniedrigt, wertlos und wütend. Der Alltag hatte mich wieder. Die nächsten zwei oder drei Tage würde ich wieder an meinem Selbstzweifel ersticken, ich würde Albträume haben, morgens in Schweiß gebadet aufwachen, mit der Angst, heute könnte der Gerichtsvollzieher wiederkommen. Oder morgen. Oder übermorgen. Resignation machte sich breit. War meine Realität von gestern also nur ein schöner Traum gewesen? Eine Illusion? Und war das, was ich jetzt erlebte, mein Schicksal, dem ich nicht entrinnen konnte? War ich für immer und ewig ein Versager?

In alten Mustern gefangen

Nachdem ich mich halbwegs beruhigt hatte, wurde mir klar, dass ich auf äußere Reize nicht nur mit konditionierten Handlungen reagiere, sondern auch mit konditionierten Gefühlen. Wenn der Gerichtsvollzieher klingelte, war ich nicht nur mucksmäuschenstill, damit er denkt, ich sei nicht zu Hause, sondern mein ganzes Fühlen und Denken veränderte sich schlagartig: Angst- und Schuldgefühle, Schweißausbrüche, Herzrasen und Kurzatmigkeit bis hin zu dem Gefühl, nicht mehr leben zu wollen. Er drückte also nicht nur den Klingelknopf an meiner Haustür, sondern auch eine Art Alarmschalter zu meinem Gefühlszentrum, zu meinem Herzen, meiner Seele und meinem Körper. Wie war das möglich?

Ich reagierte in einem sogenannten Muster.

Muster sind destruktive emotionale Programme, die, einmal angestoßen, ein Eigenleben entwickeln wie ein Virus auf der Festplatte unseres Computers. Mitunter können Muster das ganze Betriebssystem lahmlegen. Muster wirken auf unsere Absichten wie Barrieren auf der Straße unseres Lebens. Sie bremsen uns bei voller Fahrt aus.

Ich erinnerte mich, dass es zahlreiche Situationen in meinem Leben gab, in denen ich auf einen äußeren Reiz, wie zum Beispiel einen Drängler an der Kasse im Supermarkt oder einen frei laufenden Hund, mit einem inneren Gefühlsausbruch reagierte, der mich vollkommen überwältigte und mich wie fremdgesteuert agieren ließ. Warum bloß hatte ich selbst in so banalen Situationen nicht mehr die Kontrolle über mein eigenes Handeln und Fühlen?

Warum ein Wunsch alleine nicht reicht

Schon in jungen Jahren hatte ich viele Bücher über die Lehre des »Positiven Denkens« und die »Wünsche an das Universum« gelesen. »Wünsch dir was, und es kommt in dein Leben« hieß es da. So einfach funktioniert es nicht, das war mir längst klar.

In vielen Ratgebern wird empfohlen: Lassen Sie alles los, was Sie nicht glücklich macht. Sehen Sie die Gegenwart nicht durch die Brille der Vergangenheit. Befreien Sie sich vom Ballast vergangener Ereignisse. Aktivieren Sie positive Gefühle ... Diese Empfehlungen sind ebenso richtig wie sinnlos, weil wir sie mit dem Verstand allein nicht umsetzen können. Ein bekannter Motivationstrainer spornte seine Leser an, sich täglich 21 Mal auf die Brust zu klopfen und dabei laut und selbstbewusst zu sagen: »Ich bin reich, ich bin glücklich.« In meiner schweren Zeit habe ich geklopft, was das Zeug hielt. Wahrscheinlich hätte mir ein Platz im *Guinness-Buch der Rekorde* gebührt, aber geholfen hat es nicht. Der Weltbestseller *The Secret* und viele andere »Wünschen macht glücklich«-Bücher halten unzählige Tipps bereit. Sie bewirken jedoch nichts, weil ein Wunsch nur die Vorstufe einer kraftvollen Absicht ist, die zu treffen uns allerdings unmöglich ist, solange wir von destruktiven Mustern beherrscht sind. Es geht also darum, diese Muster zu löschen.

> *»Die reinste Form des Wahnsinns ist es,*
> *alles beim Alten zu lassen*
> *und gleichzeitig zu hoffen, dass sich etwas ändert.«*
> Albert Einstein

Unsere Gefühle sind Messgeräte

Das Leben spiegelt uns durch die Ereignisse, die uns widerfahren, den emotionalen Zustand, in dem wir uns befinden. Unser Gesamtzustand ist ein Schwingungsfeld und auf die Qualität dieses Schwingungsfeldes kommt es an. Wie kann ich feststellen, welche Qualität mein Feld hat? Unser Körper ist ausgestattet mit Schwingungsrezeptoren. Wir haben also Messgeräte an Bord, die unsere Schwingung ablesen können. Diese Messgeräte sind unsere Gefühle.

Unsere Gedanken sind pure Energie. So erzeugt beispielsweise der Gedanke an Geld nicht bei jedem Menschen das gleiche Schwingungsfeld. Ein Mensch, der viel Geld hat, denkt: »Geld ist eine tolle Sache. Geld ist gedruckte Freiheit. Toll, dass es Geld gibt. Man kann sich alles leisten, in Urlaub fahren, ein Haus bauen, neue Projekte anschieben. Einfach großartig.«

Bei jemandem, der ein Geldproblem hat, triggert das Wort »Geld« ein emotionales Problem an. Dieses Problem fühlt sich ungefähr so an: »Hätte ich doch nur mehr Geld. Eine Rechnung ist noch offen. Ich brauche unbedingt Geld. Wie komme ich an mehr Geld? Scheiß Geld! Ich verfluche das ganze kapitalistische System.«

Der Gedanke an Geld bringt uns also in einen emotionalen Zustand und dieser Zustand definiert unser Schwingungsfeld in diesem Bezugsrahmen.

»Die Energie kann als Ursache für alle Veränderungen in der Welt angesehen werden.«

Werner Heisenberg, Physiker und Nobelpreisträger

Das Leben als Spiegel

Nicht nur unsere persönlichen Umstände, sondern auch unsere Umwelt ist ein Spiegel. Er zeigt uns immer nur uns selbst. Das nennt man das Gesetz der Resonanz.

> **Das Gesetz der Resonanz besagt, dass man in seinen äußeren Lebensumständen nur das finden und erfahren kann, wofür man in sich selbst eine Resonanz, also eine Entsprechung, besitzt.**

Nun werden Sie einwenden: »Wenn ich neben einem Atomkraftwerk lebe, in dem es zu einem Störfall kommt, wenn ich bei einer Großveranstaltung Opfer einer Massenhysterie werde, wenn ich in einem Land zu Hause bin, in dem ein Krieg tobt, wenn eine Inflation mein Erspartes auffrisst – dann bin ich als Einzelner doch unmöglich in der Lage, meine Situation zu verändern?«

Jeder Mensch verfügt über 100 Prozent Schöpferkraft. Das Problem ist, dass wir nur Bruchteile davon, nämlich lediglich zehn Prozent, nutzen. Der Rest liegt brach. Er geht aber nicht verloren. Energie geht niemals verloren. Sie kann sich verändern, aber sie ist niemals verschwunden. Das besagt ein Grundgesetz der Physik, der sogenannte Energieerhaltungssatz. Wohin geht die Energie des Menschen, wenn er sie nicht nutzt?

Wie wir unsere Schöpferkraft ans Kollektiv abgeben

Nachdem wir nur etwa zehn Prozent unserer Schöpferkraft nutzen, wird der Rest vom Kollektiv übernommen. Auf diese Weise seine Eigenverantwortung abzugeben ist für den Einzelnen zwar bequem, verhindert aber die Möglichkeit, sein Schicksal in die eigenen Hände zu nehmen. Stellen Sie sich einen Heringsschwarm vor: Die Fische schließen sich zusammen und bilden eine große Masse, die – sogar ohne dass es einen Anführer, einen Kopf an der Spitze gibt – durchs Meer gleitet. Natürlich kann es Sicherheit suggerieren, in einem Schwarm zu schwimmen, es kann aber auch heißen, sich geradewegs in ein Haifischmaul zu bewegen.

Entscheiden Sie sich dafür, das Leben durch Ihre eigene Schöpferkraft zu gestalten. Treffen Sie Absichten, die Ihr Leben lenken. Geben Sie Ihre Energie nicht länger gedankenlos ans Kollektiv ab.

Es ist so, als wenn Sie als Landwirt hochwertiges Obst und Gemüse anbauen. Sie verwerten selbst alles, was Sie benötigen, um satt zu werden. Den Rest geben Sie an einen großen Vermarkter. Der wiederum stellt Ihre Kisten auf Paletten und verkauft sie gemeinsam mit Erzeugnissen aus industriellen Großproduktionen an Discounter. Zwischenhändler und Discounter bilden gewissermaßen das Kollektiv. Mit der Zeit sind Sie unzufrieden, weil Ihr Geschäftspartner die hohe Qualität Ihrer Produkte im Vergleich zu denen aus Massenproduktion gar nicht zu schätzen weiß und einen viel zu niedrigen Preis zahlt. Sie entscheiden, die Sache selbst in die Hand zu nehmen. Sie eröffnen einen Hofladen, präsentieren und bewerben Ihre Produkte selbst und verkaufen sie direkt an den Verbraucher, zu Preisen, die Sie festlegen und die der Kunde für Ihre hochwertigen Erzeugnisse zu zahlen bereit ist. Was haben Sie also gemacht? Sie haben sich vom Gesamtmarkt, dem Kollektiv, abgekoppelt und Ihre Zeit, Ihr Knowhow und Ihre Arbeitskraft, also Ihre Energie, wieder der eigenen Angelegenheit zugeführt. So ungefähr können wir uns den Zusammenhang zwischen Individuum und Kollektiv vorstellen.

Noch ein Beispiel: Wenn wir zur Wahl gehen und jemanden wählen, dann geben wir unsere Stimme und damit unsere Schöpferkraft ab und schenken sie jemand anderem. Der Gewählte kann sie unbewusst oder bewusst zu unserem Nutzen oder zu unserem Schaden einsetzen.

»Kann ich als Einzelner das Kollektiv ändern?«, werden Sie fragen. Nein, das können Sie nicht, jedenfalls nicht, wenn es in einem konkreten Prozess weit fortgeschritten ist. Als Einzelner können Sie weder einem Krieg noch der Atomkraft, weder der Bildungsmisere noch einer verfehlten Gesundheitspolitik den Garaus machen. Sie können das nur, indem Sie Ihrerseits ein »kleines« Kollektiv aufbauen. Nichts anderes geschieht, wenn Menschen sich zu neuen Parteien, Bürgerinitiativen oder Selbsthilfegruppen zusammenschließen.

Für etwas, nicht *gegen* etwas!

Entscheidend in Veränderungsprozessen ist jedoch folgender Punkt: Es nützt nichts, zu wissen, was man nicht will. Es ist sinnlos, eine Gruppe gegen etwas aufzuhetzen. Es geht stets darum, eine Absicht *für* etwas zu treffen. Solange Menschen *gegen* die Atompolitik protestieren, wird sich nichts verändern. Erst, wenn sie entscheiden, was sie stattdessen wollen, öffnet sich ein Raum für Veränderung. Wenn die Protestierenden sich zusammen täten, um etwas Neues zu entwickeln, wenn sie Alternativen aufzeigen würden, würden sie eine ungeheure Gestaltungskraft entfalten.

Alternativ kann sich jeder Mensch augenblicklich vom Kollektiv lösen, so wie der Landwirt in unserem Beispiel. Sie müssen nicht in Sichtweite eines Kernkraftwerkes leben. Sie können umziehen. Sie müssen Ihr Erspartes nicht zur Bank tragen, Sie können es auch in Sachwerte investieren. Sie müssen nicht tun, was alle tun. Sie müssen nicht einmal in Deutschland leben, wenn Sie es nicht wollen. Niemand zwingt Sie mit vorgehaltener Waffe dazu. Sie haben sich dazu entschieden – aus Gewohnheit, Bequemlichkeit, Feigheit oder einfach, weil nach gründlicher, nüchterner Abwägung des Für und Wider doch die Vorteile des Status quo überwiegen. Das ist legitim.

Die Frage, die Sie und mich beschäftigt und die Sie zu diesem Buch hat greifen lassen, ist: »Wie kann ich mein Leben verändern?« Meiner Erfahrung nach zielt das Bedürfnis der meisten Menschen darauf ab, die persönlichen Dinge zu verändern, und nicht darauf, die großen, kollektiven, gesamtgesellschaftlichen Probleme zu lösen. Würden viel mehr Menschen nach Selbstverwirklichung streben, käme das Kollektiv, als die Summe der Individuen, automatisch in Bewegung.

Indem wir uns ändern, ändern wir die Welt.

»Sei selbst die Veränderung, die du dir für die Welt wünschst.«
Mahatma Gandhi

Wie entsteht unsere innere Einstellung?

In unserem Unterbewusstsein sind alle unsere Überzeugungen, Glaubenssätze, Gefühle, Gedanken, Erinnerungen, Erfahrungen, unsere Verhaltens- und Reaktionsmuster sowie unsere Absichten gespeichert. Dieses »Komplettpaket« ergibt unsere augenblickliche Gesamteinstellung.

Wenn wir unser Unterbewusstsein wie das Betriebssystem eines Computers sehen, dann können wir uns unsere Verhaltensmuster als kleine Programme vorstellen, die innerhalb dieses Betriebssystems auf Knopfdruck aktiviert werden. Dabei kommt es jedes Mal, wenn wir etwas Positives erleben, zu einem «Bevorzugungsprogramm«, wenn uns etwas Negatives widerfährt, zu einem »Verhinderungsprogramm«. Diese Programme so umzuschreiben, dass wir das in unser Leben ziehen können, was wir uns zutiefst im Inneren wünschen, ist das Ziel der Mentalen Resonanz Methode. Diese Methode möchte ich Ihnen in allen Details im zweiten Teil des Buches ausführlich erläutern, damit Sie sie selbst anwenden können.

Wie sich automatisierte Muster bilden

Unser Unterbewusstsein »scannt« permanent die Realität und vergleicht diese mit unseren bisherigen positiven und negativen Erfahrungen. Sobald es eine Entsprechung findet, wird das damit verknüpfte Programm aktiviert. Schließlich möchten wir positive Erfahrungen gerne wiederholen, negative dagegen vermeiden.

Nehmen wir zum Beispiel an, ein kleines Kind, das noch keine Erfahrung mit Hunden gemacht hat, sieht einen Hund, geht auf ihn zu, streichelt ihn und wird in die Hand gebissen. Eine negative Erfahrung. Welche Konsequenzen hat das für dieses Kind? Es hat zukünftig Angst vor Hunden. Die Angst entwickelt ein Verhinderungsprogramm. Wenn sich das nächste Mal ein Hund dem Kind nähert, ist er der Indikator, der das Programm aktiviert. Ein Automatismus beherrscht jetzt das Kind. Dieses Programm wird alles Mögliche versuchen, damit es nicht zur »Feindberührung« kommt. Wahrscheinlich wird das Kind weglaufen. Beim Hund wird der Jagdinstinkt wach, er rennt dem Kind hinterher und beißt es in die Wade. Wieder eine negative Erfahrung, die ins Unterbewusstsein gelangt. Jetzt »weiß« das Unterbewusstsein, Weglaufen bringt nichts. Auch beim Weglaufen tut es weh. Was wird es dem Kind beim nächsten Kontakt mit einem Hund raten? Stehen bleiben! Kommt ein Hund, würde er schnüffeln und dann weiterlaufen. Wenn diese Reaktion als Erfolgserlebnis interpretiert wird, dann wird sie als (Verhaltens)Muster gespeichert. Was wird dieses Muster zukünftig mit dem Kind machen? Der Hund kommt, das Kind steht wie angewurzelt, ist wie gelähmt, beherrscht von diesem Schutzprogramm.

Destruktive Muster sind also verinnerlichte Reaktionen, die sich vom ursprünglichen Ereignis abgekoppelt und damit verselbständigt haben.

Dadurch verlieren sie ihren Zweck, nämlich eine Hilfe für den Menschen zu sein. Sie vermeiden zwar die negative Erfahrung, aber sie bremsen uns zugleich aus, weil sie auch die positive Erfahrung verhindern und so selbst zum immer wiederkehrenden Hindernis für unser Lebensglück werden. Das Leben kann sich nicht entfalten, denn jedes Mal, wenn ein bestimmter Impuls ausgelöst wird, spult sich das Muster selbständig ab. Einmal geöffnet, treibt es sein Unwesen wie ein Virus auf unserem PC und legt schlimmstenfalls das ganze System lahm.

Bei einem Coaching erzählte mir ein Außendienstler, früher habe er gerne in Fast-Food-Restaurants gegessen, heute könne er jedoch keinen

Schnellimbiss mehr besuchen. Vor ein paar Jahren hatte er, als er gerade mit großem Appetit seinen Hamburger aus dem Papier wickelte, einen Anruf bekommen. Es war der Personalchef seiner Firma, der ihm mitteilte, dass sein Arbeitgeber insolvent und mithin sein Arbeitsplatz verloren sei. Für den Mann brach eine Welt zusammen. Nicht nur, dass er seine Frau und drei Kinder ernähren musste, nein, das Schlimmste war, er hatte großes Vertrauen in die Firma und deren Erfolg gehabt und war mächtig stolz darauf gewesen, ein Teil dieses Erfolges zu sein. Dieser Anruf ist viele Jahre her und der Mann fand schnell eine neue, sogar eine besser bezahlte Arbeitsstelle. Dennoch hat er nie wieder ein Fast-Food-Restaurant betreten. Beim Geruch von Hamburgern wird ihm übel und sein Magen rebelliert.

Dieses Beispiel zeigt zweierlei: Wenn Erfahrungen und negative Erlebnisse Angstmuster produzieren, sind sie manchmal leichter zu erfassen, wenn wir uns genau erinnern können, wann, wie und warum das Muster angelegt wurde. Das heißt aber nicht unbedingt, dass wir dieses Muster leichter lösen können als eines, an dessen Entstehung wir uns nicht erinnern. Dieses Beispiel zeigt aber auch, dass es Muster unterschiedlicher Bedeutung für unser Leben gibt. Der Außendienstmann macht einen großen Bogen um jedes Fast-Food-Restaurant. Damit kann er gut leben, es gibt erstens wahrlich Schlimmeres und zweitens genügend Alternativen, um unterwegs satt zu werden. Was aber wäre, wenn er einen Job in einem Zulieferbetrieb für Schnellrestaurants angeboten bekäme, der ihn auf der Karriere- und der Gehaltsleiter nach oben brächte? Dann würde sein Muster zu einem zentralen Problem für sein weiteres Leben.

Wie sich emotionale Muster und Traumata vererben können

Viele unserer Verhaltensmuster entstehen aber nicht durch unsere eigenen Erfahrungen, sondern durch Prägung. Die Prägungsphase beginnt im Mutterleib und geht bis etwa zu unserem sechsten Lebensjahr. In dieser Zeit werden wir nachhaltig durch die emotionalen Empfindungen unserer Bezugspersonen beeinflusst.

Wenn das Kind, das in unserem Beispiel negative Erfahrungen mit dem Hund gemacht hat, erwachsen ist und selber Kinder hat, kann es passieren, dass die Angst vor Hunden auf das eigene Kind weitergegeben wird. Dazu reicht es aus, dass die Angst der Mutter beim Anblick eines Hundes aktiviert wird. Im selben Moment ist sie schon auf das Kind im Kinderwagen übertragen. Das verstehen wir unter Prägung.

In Einzelcoachings treffe ich manchmal Menschen, die ein Angstmuster angelegt haben, das nur infolge einer ganz bestimmten Familiengeschichte vorkommt. Ich erkenne dieses Muster inzwischen sofort und weiß – ohne Fragen zu stellen – welcher Bevölkerungsgruppe der Klient oder die Klientin angehört: der Gruppe der Flüchtlinge und Heimatvertriebenen beziehungsweise deren Nachkommen. Am Ende des Zweiten Weltkriegs mussten 14 Millionen Deutsche ihre Heimat in den Ostgebieten des damaligen Deutschen Reiches verlassen, wurden deportiert oder von der herannahenden russischen Armee in die Flucht geschlagen. Sie litten unter Hunger und Kälte. Unzählige wurden schwer misshandelt, Millionen Menschen fanden den Tod. Diese Erlebnisse haben nicht nur die damals Erwachsenen geprägt, nicht nur die Neugeborenen und die Kleinkinder, die die Flucht überlebten, sondern auch die Babys im Mutterleib und sogar Kinder, die erst nach den Schreckensjahren gezeugt wurden, sowie deren Nachkommen. Mit anderen Worten: Gravierende Ängste oder Angstmuster, unverarbeitete Traumata und die damit korrespondierenden Verhaltensmuster »vererben« sich ebenso wie blonde oder schwarze Haare, wie sportliches oder musikalisches Talent, wie Mutters Durchsetzungsvermögen oder Großvaters Humor.

Manche Muster werden über die Prägung von Generation zu Generation weitergegeben und finden sich in unseren Genen wieder. Das heißt aber nicht, dass wir sie nicht löschen können. Sie sind nicht unabänderlich. Der genetische Code, die DNA, ist ein Abbild des Menschen, aber nicht nur seines Körpers, sondern auch seiner Persönlichkeit, also seiner Charaktereigenschaften und seiner inneren Einstellung.

Der Zellbiologe Bruce Lipton hat sich diesem Thema gewidmet und festgestellt, dass die Geninformationen nicht starr sind, sondern dass Gene sich verändern. Verändern wir unsere Einstellung, verändert sich auch unsere DNA.

Die Verwandlung unserer tiefsten inneren Einstellung

Wie macht man das? Wie verändert man seine tiefste innere Einstellung?

Erkennen, verstehen und verändern wollen – das funktioniert nicht, solange destruktive, negative emotionale Muster im Unterbewusstsein verankert sind.

Auch der Vorsatz, positiv zu denken, läuft ins Leere, weil damit das destruktive Programm lediglich überdeckt wird. Wer positiv denkt, befindet sich deshalb noch nicht in einem *emotional* positiven Zustand, sondern spaltet sich sogar. Das negative Gefühl ist weiterhin vorhanden, doch auf der anderen Seite kommt der Verstand, der sagt: »Du musst positiv denken.« Augenblicklich entsteht ein Konflikt, eine innere Trennung. Der Verstand denkt etwas anderes, als der tiefste innere Zustand, das Gefühl, sagt. So geht die Authentizität verloren.

Unter dem Deckmäntelchen des »Positiven Denkens« brodeln unsere Ängste und Blockaden weiter wie ein Vulkan, der irgendwann, wenn niemand damit rechnet – am allerwenigsten Sie selbst – seine glühende Lava in den Himmel schleudert. Spätestens dann sind »Wünsch-dir-was«-Methoden und die »Denke-positiv«-Strategien gescheitert. Alles, was wir verdrängen, kommt auf einem anderen Weg zurück, denn Energien hören niemals auf zu existieren. Wir können Energien aber verändern, wir können sie transformieren.

Wir können unsere destruktiven Muster lösen und so unsere negativen, hinderlichen und bisweilen sogar lebensfeindlichen Gefühle in positive Kraft verwandeln und immer mehr der Mensch werden, der wir wirklich sind. Das ist unsere Chance.

Muster und ihre Grundtypen

Ein Muster verfügt stets über drei Ebenen: Fühlen, Denken und das Verhalten. Manche Muster haben einen starken emotionalen Anteil, in anderen dominiert das Verhalten und in wieder anderen der Gedanke, im Sinne einer Bewertung der Situation bzw. des Gegenübers, wie zum Beispiel »So ein Idiot!« oder »Das konnte ja nur schief gehen!«.

Es existieren drei Grundtypen von Mustern:

Das übertragene Muster

Hierbei handelt es sich um einen abgespeicherten emotionalen Zustand, den wir in der Prägungsphase durch Übertragung bekommen und im Unterbewusstsein abgespeichert haben. Übertragene Muster stellen stets neue Realitäten her, um sich immer wieder zu erfahren. Deshalb erlebt man im Bezugsrahmen dieses Musters immer wieder die Realität, die von kleinauf erlernt wurde. Weil der Mensch keine anderen emotionalen Zustände kennt, befindet er sich ständig in der gelernten Schwingung.

Das Verhinderungsmuster

Verhinderungsmuster basieren auf einer negativen Erfahrung und dem Bestreben, diese Erfahrung bzw. die damit verbundenen negativen Gefühle nie wieder erleben zu müssen. Ein Verhinderungsmuster ist also ein Verhaltensmuster, das das Ziel hat, eine ganz bestimmte Angst zu unterbinden. Das Problematische an diesem Muster ist, dass es die Tür zu vielen Entfaltungsmöglichkeiten zuschlägt, weil unser Unterbewusstsein generalisiert, also vom Einzelnen auf das Ganze schließt.

Das Suchtmuster

Das Suchtmuster ist ein Verhaltensmuster und basiert auf einem Irrtum unserer Wahrnehmung. Im Bestreben, ein unerträglich gewordenes negatives Gefühl durch ein positives zu ersetzen (was wir mit der Mentalen Resonanz Methode tatsächlich erreichen), *sucht* die *Sucht* nach einem Verhalten, das einen positiven emotionalen Zustand vortäuscht.

Das Suchtmuster lebt vom Irrtum: Der Herrschsüchtige sucht danach, alle anderen so einzuschüchtern, dass er sie in die Ohnmacht bringt, während er sich selbst in der Macht wähnt. Das Unterbewusstsein glaubt, der so Handelnde habe seine eigene Ohnmacht überwunden, ist hellauf begeistert und definiert das Verhaltensmuster als Vorzugsprogramm. Künftig wird daher jedes Mal, wenn sich der Herrschsüchtige ohnmächtig fühlt, das Suchtmuster gestartet. Es sucht die Macht und findet sie auch – für den Augenblick, denn jede Sucht trägt einen Irrtum in sich.

Der Alkoholsüchtige leidet unter einem Minderwertigkeitsgefühl. Durch Alkoholeinfluss fühlt er sich stark und kräftig. Der Esssüchtige ist unzufrieden mit seinem Leben und verschafft sich durch Zucker und Fett ein Wohlgefühl. Der Kaufsüchtige kompensiert mangelndes Selbstwertgefühl. *Weitere Einzelheiten über Suchtverhalten und was dahinter steckt, finden Sie in der Tabelle im Anhang.*

Es gibt Muster, die über Jahre oder Jahrzehnte schlafen. Wir bemerken sie gar nicht. Es geht uns blendend. Aber plötzlich werden sie angeschubst: durch einen Menschen, durch ein Ereignis, durch einen Traum, durch eine Erinnerung … Es gibt viele potenzielle Auslöser.

Eine meiner Klientinnen lebte ein zufriedenes Leben. Sie hatte Karriere gemacht, verdiente gut und war seit vielen Jahren mit einem fürsorglichen, freundlichen Mann verheiratet. »Wir hatten ein gutes Leben, jedenfalls glaubte ich das«, berichtet sie.

Eines Tages traf sie einen alten Schulfreund wieder und verliebte sich Hals über Kopf in den Mann. Sie verlor vollständig ihre Mitte und fiel von einem bisher schlafenden Muster ins nächste. Schließlich konnte sie ihrer Arbeit nicht mehr nachgehen, ihr Selbstwertgefühl tendierte gegen Null, ihre Dynamik und Stärke waren wie ausgelöscht und an die Stelle von Lebensfreude trat tiefe Resignation. Wir arbeiteten ein halbes Jahr intensiv miteinander, bis die Muster, die mit einem Schlag erwacht waren, gelöscht werden konnten. Danach war die Klientin keinesfalls »die Alte«, sondern der Mensch, der sie eigentlich war und der tief in ihr geschlummert hatte.

Wie Sie Ihre Muster selbst löschen können, zeige ich Ihnen im zweiten Teil dieses Buches ganz konkret. Zuvor ist es jedoch wichtig, noch einige Gesetzmäßigkeiten des Lebens zu verstehen.

Das Gesetz der Resonanz: Grundgesetz des Lebens

Das Gesetz der Resonanz ist uns allen vertraut. Im Volksmund heißt es: »Wie man in den Wald hineinruft, so schallt es heraus« oder »Gleich und Gleich gesellt sich gern« und in der Bibel: »Was der Mensch sät, das wird er ernten.«

Wir ziehen genau das in unser Leben, was wir durch unsere Gedanken, Gefühle, Einstellungen und Erwartungen aussenden oder ausstrahlen, denn gleiche Schwingungen ziehen sich an. Unsere Gedanken sind Energie in einer bestimmten Schwingungsqualität. Sie ziehen gleichgerichtete Schwingungen als Realität in unser Leben. Das ist übrigens keine Esoterik, sondern Quantenphysik.

Die Quantenphysik lehrt uns, dass alle Möglichkeiten dieses Universums bereits bestehen. Wir leben also in einer Welt der unbegrenzten Möglichkeiten. Das ist für unseren Verstand schwer vorstellbar. Meine Großmutter hat früher oft zu mir gesagt: »Junge, das Leben ist kein Wunschkonzert!« Würde meine Großmutter heute noch leben, dann wüsste ich ihr zu entgegnen: »Doch, genau das ist es! Das Leben ist ein Wunschkonzert. Du hast freie Auswahl! Du bekommst die Melodie, die dir entspricht, für die du dich zuvor bewusst oder unbewusst entschieden hast, auch wenn du es in dem Moment nicht begreifen kannst.«

Haben Sie gemerkt, wo der Haken an der Sache ist?

Wir wählen aus dem unendlichen Überfluss, indem wir in Resonanz mit der Möglichkeit gehen, die unserem Schwingungsfeld, also unserer innersten Einstellung, entspricht. Wir reduzieren uns

dabei auf die Schwingung, die wir bereits kennen, weil sie uns vertraut ist. Das bedeutet: Nur wir selbst schränken die Auswahl ein. Wir können aber lernen, unser Portfolio zu erweitern, indem wir unser Schwingungsfeld, also unsere tiefste innere Einstellung, verändern.

Alle emotionalen Zustände sind möglich. Für jeden von uns. Da unser Gefühl sich in der materiellen Welt als Erfahrung spiegelt, erschaffen wir stets die Realität, die unserem Gefühl entspricht.

Wir reagieren nicht auf das Leben, das Leben reagiert auf uns

Das Leben reagiert mit der entsprechenden Realität auf meinen tiefsten emotionalen Zustand, auf meine tiefste innere Einstellung. Es kann mir nur begegnen, was meinem Zustand entspricht.

Wenn sich jemand über das Verhalten eines anderen Menschen aufregt, so deutet das darauf hin, dass er selbst dieses Verhalten in sich trägt oder dass durch dieses Verhalten ein emotionales Muster angestoßen wird, sonst hätte er keine Resonanz, wäre also durchlässig. Es ist daher nicht die Frage, wie sich der andere verhält, sondern wie ich darauf reagiere. Es ist die Frage, was das Verhalten mit mir zu tun hat.

Wir ziehen genau das in unser Leben, was wir durch unsere Gedanken und Gefühle aussenden. Was wir nach außen ausstrahlen, kommt wie ein Echo zu uns zurück. Wie kann ich ein Echo verändern? Nur indem ich verändere, was ich aussende. So funktionieren nicht nur Schallwellen, so funktioniert unser ganzes Leben. Wollen wir unser Leben verändern, müssen wir uns selbst verändern.

Über den TV-Moderator und Talkmaster Alfred Biolek erzählt man sich, dass er seine Mitarbeiter anwies, morgens die schlechten Nachrichten aus der Zeitung auszuschneiden, bevor sie ihm die Lektüre auf den Tisch legten. Wenn das tatsächlich stimmt, dann hat Alfred Biolek das Gesetz der Resonanz nicht nur verstanden, sondern es in seinen Alltag integriert und sich ganz offenkundig entschieden, seine Aufmerksamkeit nicht auf Katastrophen und Verbrechen zu lenken.

Es geht nicht darum, die Realität zu leugnen oder die schlimmen Ereignisse auf dieser Welt auszublenden. Aber Hand aufs Herz: Wem nützt es etwas, alle Berichte über Ehedramen mit tödlichem Ausgang, Kindesmissbrauch, Nachbarschaftsstreit, Kriminalität, Verkehrsunfälle, Brandkatastrophen und so weiter und so fort bis ins letzte Detail zu kennen? Wem hilft es, wenn ich meine Aufmerksamkeit darauf konzentriere? Niemandem. Im Gegenteil. Es schadet uns nur, denn worauf wir unsere Aufmerksamkeit richten, das bekommt Energie und es wächst, weil wir in diese Schwingung gehen und damit Gleichschwingendes anziehen.

»Zeige mir deine Freunde und ich sage dir, wer du bist«, heißt es im Volksmund. Das stimmt. Die Menschen, mit denen wir uns umgeben, spiegeln mir ebenfalls meine tiefste innere Einstellung. Ich ziehe genau die Menschen an, in denen ich mich erkenne.

Als ich Anfang der 90er-Jahre Geschäftsführer einer Kosmetikfirma war und es mit der Gradlinigkeit selbst nicht so genau nahm, hatte ich laufend mit Menschen zu tun, die ihrerseits ein sehr flexibles Verhältnis zur Redlichkeit hatten. Ich war umgeben von illoyalen Mitarbeitern, die vertragswidrig zugleich für andere Unternehmen tätig waren und Kunden und Verkaufspersonal abwarben. Damals sah ich allerdings meine Mitarbeiter nicht als Spiegel, in dem ich mich selbst hätte erkennen können.

Selbst in meinen Anfängen als Mentaltrainer bin ich noch hin und wieder mit unredlichen und illoyalen Menschen in Resonanz gegangen und habe mich mit ihnen eingelassen. Inzwischen bin ich solchen Personen nicht mehr ausgeliefert. Sie haben keinen schlechten Einfluss mehr auf mein Leben, weil ich meine destruktiven Muster mithilfe der Mentalen Resonanz Methode gelöst habe. Heute freue ich mich, dass Menschen zu meinem Freundeskreis und zu meinen Geschäftspartnern zählen, die aufrichtig, redlich, inspirierend und verlässlich sind. Um das zu erreichen, musste ich selbst aber erst ein anderer Mensch werden.

Eine meiner Kundinnen beklagte sich darüber, dass sich in ihrem Freundes- und Bekanntenkreis nur Menschen mit großen Problemen und einer negativen Lebenseinstellung finden. »Wenn wir uns treffen, geht es nur um Sorgen und Schwierigkeiten«, erzählte sie mir. »Meine Freundinnen überbieten sich im Jammern. Und dabei geht es mir doch ohnehin schon so schlecht. Wie soll ich mich besser fühlen, wenn ich von morgens bis abends mit den Problemen anderer zu tun habe? Sagen Sie mir doch, wie kann ich neue Freunde finden?« Die Antwort lautete: »Indem Sie sich ändern.«

Ganz gleich, was uns im Leben nicht gefällt: Der Ausgangspunkt für alle Veränderungen sind wir selbst.

Es ist sehr schwer, dieses Wissen in unser Leben zu integrieren, denn es erfordert von uns, die Art unseres Denkens auf den Kopf zu stellen und Ursache und Wirkung neu zu definieren. Wir sind so erzogen, dass wir die Widrigkeiten des Lebens wahrnehmen und darauf reflexartig antworten. Das kann sogar so weit gehen, dass wir Getriebene und Gejagte werden, die auf alles, was im Außen geschieht, sofort reagieren und keine Zeit mehr finden, eigene Akzente zu setzen.

Kennen Sie die Geschichte vom Waldarbeiter, der dicke Baumstämme zersägen will und sich mit einer rostigen Säge abmüht? Ein Spaziergänger rät ihm: »Sie sollten das Sägeblatt schleifen. Dann geht Ihnen die Arbeit viel leichter und schneller von der Hand.« Darauf antwortet der Waldarbeiter: »Das geht nicht, dazu habe ich keine Zeit. Ich muss zuerst meine Arbeit erledigen und die Stämme zersägen.«

Genauso geht es vielen Menschen, die erstmals vom Gesetz der Resonanz hören: »Das ist ja schön und gut, dass ich meine Realität selbst erschaffen kann«, sagen sie. »Ich fange damit an, sobald es mir wieder besser geht. Sobald ich gesund bin. Sobald ich meine Schulden bezahlt habe. Sobald mein Partner zu mir zurückkommt … Ich muss zunächst meine Probleme in den Griff bekommen, und dann verändere ich die Art meines Denkens.« Genau hier liegt die Crux: Um die Probleme in den Griff zu bekommen, muss ich zuerst die Art meines Denkens und Fühlens verändern. Denn der daraus resultierende emotionale Zustand ist ja die Ursache für all die Sorgen und Schwierigkeiten, die mich quälen.

Jedes negative Ereignis ist eine Einladung, sich zu prüfen und an sich zu arbeiten.

Wir selbst sind das Leben

Was würde geschehen, wenn wir annehmen, dass das, was wir erleben, durch unsere Gedanken und Gefühle bestimmt ist, dass sie die Ursache sind und das, was wir erleben, die Wirkung darstellt? Es würde dann überhaupt keinen Sinn mehr ergeben, sich an den vermeintlichen Missständen und Sorgen im Außen abzuarbeiten. Es würde einzig und allein Sinn machen, uns unserem Inneren zuzuwenden und unsere Kraft und unsere Aufmerksamkeit auf uns selbst zu richten.

Wenn wir erkennen, dass wir unser Leben selbst erschaffen, dann werden niemals mehr Sätze wie »Ich fühle mich vom Leben verraten« oder »Das Leben ist ungerecht« über unsere Lippen kommen, denn wir würden ja eingestehen müssen, dass wir uns selbst verraten haben, ungerecht oder lieblos zu uns selbst sind. Wir müssen uns von der Vorstellung lösen, dass *das Leben* dasitzt und sich die Hände reibt, weil es uns so schlecht geht, oder dass es sich vornimmt, künftig besser zu uns zu sein, weil wir schon genug Ärger hatten.

Wir selbst sind das Leben und können entscheiden, wie wir denken, fühlen und handeln.

Ich habe einmal mit einem Quantenphysiker gesprochen und ihn gefragt: »Wenn man so an der Quelle sitzt wie Sie, wenn man weiß, dass man durch die eigene innere Einstellung Realität erschafft, was macht man dann aus seinem Leben?« Er sah mich an und sagte: »Nichts anderes, als wenn man es nicht weiß. Ich weiß nicht, wie ich das Wissen anwenden kann.«

Das war meine Herausforderung. Wie kann ich dieses Wissen anwenden?

Keine Freiheit ohne Verantwortung

Nach dem misslungenen Versuch, die Welt mit Solaranlagen zu beglücken, traf ich damals die Absicht, nicht mehr eigenverantwortlich zu arbeiten. Ich wollte meine Ruhe haben. Ich putzte ein Jahr lang täglich von 9 bis 23 Uhr die Liegen in einem Sonnenstudio für 5 DM Stundenlohn.

Die Kunden behandelten mich respektvoll und freundlich, ja, sie mochten mich. Ich hatte das Gefühl, gebraucht zu werden. Dafür war ich, der ich mich zuvor völlig nutzlos gefühlt hatte, wirklich dankbar. Zum ersten Mal erfuhr ich, wie sich »Selbstwert« anfühlt. Das machte mich für eine geraume Zeit glücklich.

Von einer Matratze aus gesehen, ist eine Sonnenbank bereits ein echter Aufstieg. Für mich, der ich am Boden gelegen hatte, konnte es ja ohnehin nur noch in eine Richtung gehen: nach oben. Und das geschah von dem Moment an, in dem ich mich mit meiner neuen Tätigkeit identifizierte.

Ich setzte mir das Ziel, 100 Liegen pro Tag zu desinfizieren. Um diese hohe Anzahl zu erreichen, war ich gezwungen, alle Abläufe perfekt zu strukturieren und effiziente Verfahren zu entwickeln. Ich war also bald auch ein Manager für Geschäftsprozessoptimierung, zwar nur ein selbst ernannter, aber immerhin! Nachdem ich mein Planziel von 100 Liegen erreicht hatte, brauchte ich eine neue Herausforderung, um mit Eifer bei der Sache zu bleiben. Ich begann, das Kundenverhalten zu beobachten und zwar im Hinblick auf Häufigkeit des Besuchs und die Verweildauer der einzelnen Damen und Herren. Dann fragte ich sie ganz freundlich und unverbindlich, ob sie gern öfter kommen würden und wenn ja, was sie daran hinderte. Ich stellte fest, dass die Entscheidung zu Gunsten der Sonnenbank immer auch eine Entscheidung gegen den Geldbeutel darstellte und dass das der eigentliche Knackpunkt war. Man musste den Leuten die Qual der Wahl abnehmen, so viel war klar. Aber wie? Ohne Bezahlung geht es ja nun mal nicht. Was aber wäre, wenn die Kunden nur einmal im Monat zahlen müssten und dann den Rest der Zeit von der Entscheidung entbunden wären? Das war's! Ich brachte der Inhaberin des Sonnenstudios die Idee der Flatrate nahe. Einmal zahlen und vier Wochen nicht mehr mit Blick aufs Portemonnaie entscheiden müssen. Diese Idee war – entschuldigen Sie mein unbescheidenes Selbstlob – wirklich gut! Sie setzte sich sofort durch und bescherte meiner Chefin ein dickes Umsatzplus und mir ein Guthaben auf meinem Konto »Selbstbewusstsein«.

Ich erinnere mich gerne an das Jahr im Sonnenstudio, denn meine Rückkehr in ein geordnetes Leben verdanke ich diesem Job und mir selbst. Ich habe, so meine ich jedenfalls, das Beste aus meiner Situation gemacht und dabei viel über das Leben gelernt.

Wenn es mir schlecht geht, ist es notwendig, der Realität zunächst einmal so, wie sie sich darbietet, ins Auge zu blicken, sie als die meinige zu akzeptieren und die volle Verantwortung dafür zu übernehmen. Die Realität zu akzeptieren bedeutet auch, die eigenen Gefühle zu akzeptieren, das heißt, sie wahrzunehmen und sich ihnen zuzuwenden, sie zu verstehen und sie dann anzunehmen.

Verantwortung übernehmen

Es ist *mein* kaputtes Leben, *mein* Schuldenberg, *meine* gescheiterte Ehe, es sind *meine* schlechten Gefühle von Wut, Angst und Verzweiflung. Es ist *meine* Krankheit, es sind *meine* Schlafstörungen, es ist *mein* Jähzorn. Niemand anders ist »schuld« daran. Niemand anders hat die Möglichkeit, etwas zu verändern. Nur ich.

*»Wenn du dich weigerst,
die Verantwortung für deine Niederlagen zu übernehmen,
wirst du auch nicht für deine Siege verantwortlich sein.«*
Antoine de Saint-Exupéry

Im Winter 2010 las ich in der Zeitung einen Bericht über Ingrid Steeger, einstmals erfolgreiche Schauspielerin und Komödiantin, die nun mittellos und auf Hartz IV angewiesen war. »Meine Männer haben mich ausgenommen wie eine Weihnachtsgans«, klagte sie.

Jeder Leser erwartete nun, dass Frau Steeger mit ihren Ex-Männern abrechnen und ihnen die Verantwortung für ihre Misere zuweisen würde. Aber was geschah? Ingrid Steeger sagte im Interview auf die Frage, wie es so weit kommen konnte: »Schuld an meiner Situation hat nur eine: ich selbst!«

Erst die Übernahme der Verantwortung ermöglicht eine Veränderung, weil ich nur so meine Aufmerksamkeit auf mich selbst richte und nicht mit all meiner Energie im Außen kämpfe. Es nützt nämlich nichts, auf den Rest der Welt zu schimpfen. Es nützt auch nichts, in Träume zu flüchten und beispielsweise auf den Lottogewinn zu schielen, auf die Erbschaft zu warten oder darauf, dass sich die Lage am Arbeitsmarkt wieder bessert, und währenddessen die Hände in den Schoß zu legen. Es ist sinnlos, zu erwarten, jemand anders werde sich um mich kümmern, wenn ich mich nicht um mich selbst kümmere. Es ist töricht zu glauben, »die Gesellschaft« oder »der Staat« wäre für mein Wohlergehen verantwortlich. Ich bin es selbst. Nur ich. Niemand sonst.

*»Die meisten Menschen sind so glücklich,
wie sie es sich selbst vorgenommen haben.«*
Abraham Lincoln

Die Verantwortung zu übernehmen heißt aber nicht, mich mit meiner desolaten Lage abzufinden, den Kopf in den Sand zu stecken, heißt nicht, zu resignieren, und heißt nicht, sich aufzugeben. In diesem Missverständnis liegt eine große Gefahr.

Bereit zu wahrhaftiger Veränderung

Der Mensch gewöhnt sich nämlich nicht nur an schöne, sondern auch an schlechte Dinge und unwürdige Umstände. Sie werden ihm sogar so vertraut, dass er sich eine Veränderung bald gar nicht mehr vorstellen kann.

Selbst bei Krankheiten kennen wir dieses Phänomen. Für den Gesunden ist es unvorstellbar, dass ein Mensch sich entscheidet, weiterhin krank zu sein, weil er sich ein Leben ohne Migräne, ohne Neurodermitis oder ohne Rückenschmerzen gar nicht mehr vorzustellen vermag und deshalb das Ziel, gesund zu werden, mit dem Verstand zwar erfassen, aber nicht fühlen kann. Eine befreundete Ärztin für Ganzheitliche Medizin, die unter anderem auch mit meiner Methode arbeitet, erzählte mir von einer Patientin, die fast jeden Monat einen mehrtägigen Migräneschub mit Übelkeit, Erbrechen und beinahe unerträglichen Schmerzen erleidet. Die Behandlung brach sie dennoch ab, weil es angeblich in Praxisnähe zu wenige Parkmöglichkeiten gäbe. Der wahre Grund ist das natürlich nicht, denn das wäre ja geradezu grotesk: Weil ich so schlecht einen Parkplatz finde, entscheide ich mich für meinen Kopfschmerz.

Selbstverständlich wird der Rückzug der Patientin viele Ursachen haben, beispielsweise die Möglichkeit, sich angesichts der Krankheit ohne schlechtes Gewissen aus anstrengenden oder schwierigen Situationen herausziehen zu können oder der »Sekundärgewinn«, aufgrund der Krankheit mehr Aufmerksamkeit und Fürsorge seitens der Familie zu bekommen, oder sogar die Möglichkeit, über die Krankheit eine

Machtstellung zu entwickeln. Meistens geht es nach meiner Erfahrung hierbei um Macht.

Einer der Gründe ist aber auch, dass die Frau schon mehr als 20 Jahre unter ihrer Migräne leidet und ihr das Empfinden, wie es ist, gesund zu sein, abhandengekommen ist. Sie kann also ihr eigentliches Ziel, ihre Absicht, nicht mehr aus ihrem tiefsten Herzen definieren. Ihr fehlt dazu das korrespondierende Gefühl.

Diese Unfähigkeit, sich das Gute vorstellen zu können, führt dazu, dass oft diejenigen Menschen eine wirkliche Veränderung im Leben anstreben, deren Leidensdruck sehr, sehr hoch ist und die keinen Ausweg mehr sehen. Viele Einzelcoachings beginnen daher mit dem Satz: »Ich bin hier, weil ich nicht mehr weiter weiß!«

> *»Ohne Not verändert sich nichts, am wenigsten die menschliche Persönlichkeit.*
> *Sie ist ungeheuer konservativ.*
> *Nur schärfste Not vermag sie aufzujagen.*
> *Die Entwicklung der Persönlichkeit bedarf*
> *des motivierenden Zwangs innerer oder äußerer Schicksale.«*
>
> C.G. Jung, Begründer der Analytischen Psychologie

Ich muss zugeben, bei mir selbst hat es auch erst »Klick« gemacht, als ich völlig am Boden lag und sämtliche bis dahin erlernten Überlebensstrategien komplett versagt hatten. Es kann also durchaus hilfreich sein, am tiefsten Punkt anzukommen.

Die Welt ist so, wie wir sie sehen

Unser Verstand wird von klein auf konditioniert, alles zu bewerten und zu beurteilen. Ich speichere nicht die Erfahrung selbst ab, sondern ich speichere die Dinge so ab, wie ich sie bewerte und beurteile. Mein Verstand ist der Filter.

So wie ich die einzelnen Dinge bewerte und beurteile, gehen sie direkt ins Unterbewusstsein und werden zu einem Glaubenssatz, zu einer Überzeugung oder eben zu einem Muster.

Wenn ich zum Beispiel eine ganze Branche verurteile wie die Versicherungsvertreter oder die Autoverkäufer und lerne einen Vertreter dieses Berufsstandes kennen, den ich okay finde, dann ist der neue Glaubenssatz personalisiert. Er lautet: »Fritz Müller ist zwar ein Autoverkäufer, er ist aber anders als die anderen. Er ist nämlich ein anständiger Kerl.« Der weitergehende Glaubenssatz bleibt davon unberührt.

Es ist also nicht so einfach, wie mancher es gerne hätte. Wenn ein Pessimist einmal etwas positiv bewertet, ist er danach noch kein Optimist. Um sich die Änderung seiner tiefsten inneren Einstellung zu erarbeiten, bedarf es zahlreicher Einzelschritte, die sich zunächst im Kleinen bemerkbar machen und erst später in der Summe eine veränderte Grundhaltung ergeben.

> *»Wenn die Menschheit überleben möchte,*
> *muss sie die Art des Denkens verändern.«*
> Albert Einstein

In den Spiegel unseres Lebens schauen

Vor einiger Zeit kaufte ich in Berlin ein Exemplar der *Berliner Morgenpost*. Im Lokalteil waren auf einer ganzen Zeitungsseite ausschließlich schlechte Nachrichten zu lesen. Der zuständige Redakteur hatte aus der Vielzahl der Geschehnisse nur solche herausgegriffen, die negativ waren.

Man kann Berlin auch mit anderen Augen sehen. Tagtäglich geschehen hunderte positiver Dinge in dieser großen Stadt. Ein langjähriger Arbeitsloser findet eine neue Stelle, eine schwere Schwangerschaft endet mit einer glücklichen Zwillingsgeburt, eine Firma freut sich über neue Aufträge, eine lästige Baustelle kann beseitigt werden, alle S-Bahn-Züge sind pünktlich, in einem Labor wird ein neues Medikament entwickelt und eine alte Dame kam bei einem Sturz mit dem Schrecken davon, weil ein netter junger Mann sie im letzten Augenblick auffangen konnte. Wie schön ist Berlin! Was für eine tolle Stadt.

So wie die Zeitung uns spiegelt, welche Sicht der Redakteur auf seine Stadt Berlin hat, so spiegelt uns unser ganzes Leben, wie wir denken und was wir sind. Denn eine Situation wird von jedem Einzelnen anders bewertet und beurteilt.

Die Welt ist so, wie wir sie sehen, nämlich eine Projektion unserer Gedanken.

Ein Beispiel, an dem mir das richtig klar geworden ist und das ich deswegen immer wieder gerne erzähle, auch wenn es vielleicht diejenigen, die bereits an meinen Seminaren teilgenommen haben, schon kennen, ist die Begebenheit mit dem Rasenmähermann.

Wenn ich an meinem Bürofenster stehe, kann ich in die Gärten der Nachbarn blicken. Es war ein verregneter Tag und man stelle sich vor: Ein gerade neu zugezogener Nachbar mähte ausgerechnet jetzt den Rasen. Ohne groß darüber nachzudenken, schaltete sich mein Bewertungssystem ein und ich beurteilte die Situation. Natürlich gibt es verschiedene Möglichkeiten der Bewertung. Ein positiv gestimmter Mensch würde denken: »So ein lustiger Naturbursche! Der mäht ja sogar bei diesem Sauwetter den Rasen.« Ich weiß, diese Bewertung wäre eher unüblich. Ich will Ihnen damit aber verdeutlichen, was je nach Art der Bewertung passiert.

Bei einem positiv denkenden Menschen werden seine positiven Gedanken ein entsprechendes Schwingungsfeld erzeugen und er wird sich positiv fühlen. Außerdem erschafft sein Unterbewusstsein eine Verknüpfung: Der Rasenmähermann wird mit diesen positiven Gedanken und dem dazugehörigen emotionalen Zustand verbunden. Es kommt zu einem kleinen Muster. Jedes Mal, wenn ich diesen Mann sehe, wird das Muster gestartet. Also, wenn ich Wochen später beim Dorffest sitze und der Nachbar kommt vorbei, was passiert? Die Gefühle werden aktiv, ich fühle mich positiv, sofort steigen die Gedanken auf: »Hey, der lustige Kerl ist ja auch da! Ich muss sehen, dass er sich zu mir an den Tisch setzt, dann gibt es einen spaßigen Abend.«

Meine Bewertung war damals anders. Meine Bewertung war: »So ein Idiot! Hat der sie noch alle, bei Regen Rasen zu mähen?« Negative Gedanken erschaffen ein negatives Schwingungsfeld. Die Gefühle gehen in den Keller, ich werde negativ. Hinzu kommt, dass ich einen negativen Bezug erschaffe. Sitze ich beim Dorffest und der Nachbar kommt vorbei, dann springt das Verhinderungsprogramm an: »Oje, der Idiot ist auch da.« Sofort gehen die Gefühle nach unten. »Hoffentlich setzt er sich nicht zu mir an den Tisch!« Denn das Unterbewusstsein funktioniert ganz einfach: Alles, was unserer eigenen Interpretation zufolge positiv ist, wird bevorzugt, alles, was wir subjektiv als negativ empfinden, wird vermieden.

Einige Wochen später traf ich den Rasenmähermann vor seinem Haus und sprach ihn an: »Guten Tag, Herr Nachbar, schönes Wetter heute. Da kann man gar nicht Rasen mähen.« – »Sie haben es also gesehen?«, erwiderte er. – »Ja, ich hab's gesehen. Im Regen. Andere haben es auch gesehen. Man spricht darüber.« Er fühlte sich ertappt: »Oje, das habe ich befürchtet. Am letzten Tag vor unserem Urlaub wollte ich unbedingt noch den Rasen in Ordnung bringen. Nach dem Urlaub wäre das Gras so hoch gewesen, dass ich mit dem Mäher gar nicht mehr durchgekommen wäre. Als es dann anfing zu regnen, habe ich mich gefragt: ›Wenn mich jetzt jemand sieht, was wird der denken?‹« Dann sah er mich an und fragte: »Ganz ehrlich, was haben Sie gedacht?« Ich überlegte kurz und antwortete: »Ich habe gedacht: So ein lustiger Naturbursche …«

Verständnis statt Verurteilung

Was zeigt das Beispiel mit dem rasenmähenden Nachbarn? In dem Moment, in dem ich ihn verstanden hatte, hatte ich kein Problem mehr mit ihm. Ganz im Gegenteil, ich mochte ihn sogar. In allen Weltreligionen heißt es: Verständnis statt Verurteilung. Wenn wir etwas verstehen, verurteilen wir nicht. Wir verurteilen nur, was wir nicht verstehen.

»Verstehen« heißt aber nicht automatisch »gutheißen«.

Ich verstehe, warum meine Mutter, die im Krieg groß geworden ist und Hunger und Not erlitten hat, Angst vor jeder Veränderung unserer Wohlstandsgesellschaft hat. Ich habe auch Verständnis für ihre Sicht der Dinge, aber gutheißen kann ich sie nicht, denn meine Überzeugung ist, dass alles, was starr ist, zerbricht, und alles, was fließt und sich verändert, überlebt.

Ich verstehe auch den Klienten, der als Adoptivkind mit seelischer und körperlicher Gewalt erzogen wurde und der seinerseits jetzt zu dem Kind aus einer früheren Beziehung seiner Frau keine innige Verbindung aufbauen kann, sondern kalt und abweisend ist, was ihn im tiefsten Herzen unendlich schmerzt. Ich verurteile den Mann nicht. Seitdem ich den Hintergrund seines Handelns kenne, habe ich Verständnis für sein Verhalten, aber selbstverständlich heiße ich es nicht gut. Er selbst tut das auch nicht, deshalb ist er ja zum Mentalen Resonanz Training gekommen.

Fakt ist: Mit jeder Bewertung produziere, vertiefe oder stärke ich einen Glaubenssatz, ein Muster oder eine Überzeugung. Ich erschaffe also die Inhalte meines Unterbewusstseins selbst. Wir bewerten jeden Tag viele hunderte bis tausende Male. Jeden Tag formen und verändern wir so unsere tiefste innere Einstellung.

»Großer Geist, bewahre mich davor, über einen Menschen zu urteilen, ehe ich nicht eine Meile in seinen Mokassins gegangen bin.«
Indianisches Gebet

Warum bewerten wir eigentlich alles? Positiv oder negativ? Schwarz oder weiß? Lustiger Naturbursche oder Idiot? Warum unterlassen wir das nicht einfach? Wir machen das, weil wir jede Sekunde von unserem Unterbewusstsein gefüttert werden. Die bestehenden Glaubenssätze kommen hoch und die damit verbundenen emotionalen Zustände werden aktiviert. Neues wird vor diesem bekannten und vertrauten Hintergrund gesehen, kurz verarbeitet und gleich wieder abgespeichert. Was bedeutet das für unser Leben?

Wir sehen immer nur Bruchstücke der Möglichkeiten, die das Leben bietet, weil wir sie durch die Brille vergangener Erfahrungen und alter Muster betrachten und nicht so, wie sie wirklich ist.

Wer stets nach hinten schaut, kann nicht sehen, was direkt vor ihm liegt. Folglich reagieren wir nicht situationsgerecht, sondern mit eingeschränkten Sinnen. Da aber – wie wir nun wissen – jede Handlung ein Spiegel unserer selbst ist und wir das bekommen, was wir aussenden, ziehen wir immer mehr Ereignisse in unser Leben, die unserer Bewertung entsprechen. Wenn ich also über jemanden negativ denke und mich womöglich in diese Sicht hineinsteigere, werde ich immer wieder Erfahrungen machen, die mein Urteil bestätigen, und schade mir selbst mehr als dem Menschen, über den ich die Nase rümpfe.

Jetzt erst recht!

Auf die Dauer hat mich mein Job im Sonnenstudio nicht befriedigt und so nahm ich einen Besitzerwechsel zum Anlass, einen neuen Weg einzuschlagen, der manche Irrungen und Wirrungen mit sich brachte. So wurde ich beispielsweise Autoverkäufer. Sie sehen, ich habe auf der Suche nach Arbeit kein Klischee ausgelassen: Staubsaugervertreter, Putzmann, Autoverkäufer. Vielleicht reagiere ich deshalb so empfindlich auf pauschale Verurteilungen oder die Geringschätzung ganzer Berufsstände. Auf den Autoverkauf komme ich später zurück, denn auch dort war ich zur richtigen Zeit am richtigen Ort, um etwas über mich zu erfahren und daraus für mein Leben zu lernen.

Mein erster selbständiger beruflicher Erfolg war ein Saxophon-Handel. Die Begeisterung für dieses Instrument war schon im Kindesalter in mir geweckt worden und bei der Überlegung, was ich am liebsten möchte, kam mir mein Kindheitswunsch in Erinnerung. Da in meiner Kasse aber noch immer Ebbe herrschte, konnte ich nicht in den nächsten Musikalienladen gehen und unter allen Saxophonen das schönste heraussuchen. Bei meinen intensiven Recherchen stieß ich aber auf ein qualitativ hochwertiges Instrument eines wenig bekannten Herstellers, der mit 390 DM ein exzellentes Preis-Leistungsverhältnis bot. Ich habe zunächst ein Saxophon für den Eigenbedarf gekauft und mir dann überlegt, dass es bestimmt vielen so geht wie mir: Sie träumen davon, Saxophon zu spielen, scheitern aber an ihren finanziellen Mitteln. Ich nahm Kontakt zum Hersteller auf und fragte, für welchen Preis ich als Wiederverkäufer Saxophone bei ihm beziehen könne. Wir waren uns schnell einig. Ich annoncierte im örtlichen Wochenblättchen: »Saxophon für 390 DM«. Später inserierte ich auch überregional. So entstand in relativ kurzer Zeit ein sehr erfolgreicher Handel. Erstmals seit Jahren verdiente ich wieder so viel Geld, dass ich meine Rechnungen bezahlen konnte. Ich bekam eine Ahnung davon, wie es sich anfühlen würde, wieder mit beiden Beinen fest im Leben zu stehen. Noch heute geht mir beim Anblick eines Saxophons das Herz auf, denn mit diesem wunderbaren Instrument ist mein Start in ein selbstbestimmtes, erfolgreiches Leben auf das Engste verbunden.

Dieser Erfolg kam nicht aus dem Nichts. Ich habe ihn ermöglicht, indem ich begann, nach dem Gesetz der Resonanz zu leben und die Hinderungsmuster, die sich mir in den Weg stellten, Stück für Stück zu überwinden. War bislang mein Lebensmotto: »Es soll nicht sein«, so lautete es nun: »Jetzt erst recht!«

Was will ich wirklich?

Wir müssen herausfinden, was wir wollen, und uns aufrichtig prüfen: Was will ich wirklich? Möchte ich wirklich selbständig sein und die Verantwortung für Mitarbeiter übernehmen? Möchte ich wirklich fünf Kilo abnehmen und bin bereit, dafür auf Kuchen und andere Leckereien zu verzichten? Oftmals wollen wir etwas, sind aber nicht gewillt, das Notwendige dafür zu tun. Wer Klavier spielen möchte, muss entschlossen sein, Unterricht zu nehmen und zu üben, wer Marathon laufen will, muss bereit sein zu trainieren.

Angenommen Sie sagen sich: »Ich werde Bundeskanzler.« Keine Pseudo-Entscheidung, Sie meinen es wirklich ernst. Ihr Leben verändert sich radikal. Sie sind gezwungen in eine Partei einzutreten, Sie müssen dort Karriere machen. Was hat das für Konsequenzen? Ihr Lebensweg geht plötzlich in Richtung Bundeskanzler. Und auf diesem Weg zeigen sich jetzt alle Hindernisse, die in Ihnen das Kanzlersein noch gar nicht zulassen. Diese Hindernisse entstehen auch im Außen. Es muss nur jemand daherkommen, der skeptisch ist und verblüfft fragt: »Was, *du* Bundeskanzler?« und schon gehen Sie in die Knie. Sie sind abhängig davon, dass andere an Sie glauben. Solange Sie derart abhängig sind, haben Sie gar keine Chance. Sie müssen die Qualität entwickeln, zu denken: »Es ist mir doch egal, was ihr meint. Ich ziehe das durch.«

Neben diesen Abhängigkeitsprogrammen, die aktiv werden, kommt vielleicht die Macht der Ellenbogengesellschaft ins Spiel. Andere wollen auch Bundeskanzler werden und sind vielleicht durchsetzungsstärker. Es entsteht ein massiver Persönlichkeitskampf. Sie werden angegriffen. Resignieren Sie jetzt oder beißen Sie sich durch? Sie werden feststellen, dass ein Bundeskanzler über ein breites Faktenwissen verfügen und die wichtigsten politischen Debatten im Detail kennen muss. Auch die deutsche Geschichte sollte Ihnen in ihren wesentlichen Facetten vertraut sein. Sonst drohen Ihnen böse politische Fehler, die Ihnen den Hals brechen, noch bevor Sie den Kopf aus der Deckung genommen haben. Sie müssen also lesen, pauken, lernen und sollten mindestens eine Fremdsprache beherrschen. Sprachen sind nicht Ihr Ding? Das ist eher ungünstig.

Sie müssen mit Menschen umgehen und sie begeistern können, denn schließlich wollen Sie gewählt werden. Sie brauchen eine Mehrheit! Sie müssen vor großem Publikum sprechen können. Sie dürfen keine Scheu vor einer laufenden Kamera haben. Sie müssen innerhalb von Sekunden Ihre Schwingung verändern können, denn Sie werden sich ein hitziges Wortgefecht mit Ihrem ärgsten politischen Widersacher liefern und zehn Minuten später den Bundestagskindergarten eröffnen müssen – natürlich mit einem Tross kritischer Journalisten im Schlepptau, die nur darauf warten, dass Sie einen Fehler machen.

Wollen Sie immer noch Bundeskanzler werden? Jetzt zeigt sich, wie ernst Ihre Absicht gemeint ist. Ja, Sie wollen? Dann müssen Sie darauf achten, welche inneren und äußeren Widerstände aktiv werden. Diese Widerstände zeigen sich nicht nur emotional, also nicht nur in Ihrem Inneren, sondern auch in Ihrem realen Leben.

In meiner schweren Zeit war mein Lieblingssatz: »Es soll einfach nicht sein.« Sobald der erste Widerstand kam, tröstete ich mich: »Es soll nicht sein.« Und sofort gab ich auf. Zum Schluss saß ich allein und mittellos auf meiner Matratze und nichts sollte mehr sein. Mein ganzes Leben war ein einziger großer Widerstand.

Heute ist meine Einstellung: Tritt ein Widerstand auf, muss ich sofort herausfinden, was ich wirklich will. Und wenn ich herausfinde: »Ja, das will ich«, dann sage ich nicht: »Es soll nicht sein«, sondern »Jetzt erst recht. Mit mir nicht!« Das ist eine klare Absicht. Nun gilt es, die Blockaden, die sich auf dem Weg zu meinem Ziel zeigen, zu überwinden. Wie das geht, lernen Sie im zweiten Kapitel.

Welchen emotionalen Zustand will ich erleben?

Herauszufinden, was sie wirklich wollen, ist für viele Menschen ein großes Problem. Sie überlegen und wägen ab, prüfen das Für und Wider und drehen sich oftmals im Kreis.

Die Crux besteht darin, nicht Ihren Verstand zu befragen, was er im Außen erleben möchte, sondern mittels der Mentalen Resonanz Methode herauszuarbeiten, welchen emotionalen Zustand Sie haben möchten und sich für diesen Zustand zu entscheiden. Dann fließt das Leben zu den Möglichkeiten, die Ihre Entscheidung im Außen erfahrbar machen.

»Ein ganzer Strom von Ereignissen wird in Gang gesetzt durch die Entscheidung und sorgt zu den eigenen Gunsten für zahlreiche unvorhergesehene Zufälle, Bewegungen und materielle Hilfen, die sich kein Mensch vorher je so erträumt haben könnte.«

Johann Wolfgang von Goethe

Es geht ja schließlich darum, sich selbst zu finden, sich selbst zu verwirklichen und glücklich zu sein. Ob wir diesen Zustand als Gärtner oder Systemtechniker erreichen, ob der Partner, mit dem wir glücklich werden, zwei Jahre jünger oder drei Jahre älter ist als wir, ist doch vollkommen egal. Es kommt einzig und allein darauf an, dass wir mit unserem Beruf, unserem Partner und unserem Alltag glücklich sind. Wir lassen uns oft von unserem Verstand einreden, dass das Glück so oder so beschaffen sein muss, dass es in diesem oder jenem Gewand daherkommt und diesen oder jenen Namen trägt. Das ist die falsche Herangehensweise. Unsere Herausforderung ist, mit unseren Gefühlen ganz anders umzugehen als bisher. So erschaffen wir Realität und zwar die Realität, die uns entspricht und die wir wirklich wollen.

Wenn wir etwas Positives erfahren möchten, dann müssen wir vorher positive emotionale Zustände erzeugen.

Positive emotionale Zustände sind zum Beispiel versorgt sein, respektiert werden, innerer Friede, Gelassenheit, Geborgenheit, Vertrauen ins Leben, Liebe, Selbstwertgefühl, Selbstachtung, Selbstbewusstsein.

Diese positiven emotionalen Zustände nenne ich unsere Potenziale und inneren Werte. Ich verwende diese Begriffe nicht im Sinne von Talent bzw. gesellschaftlichen Konventionen. Unter Potenzial verstehe ich das, was emotional in mir steckt, und ein innerer Wert ist eine ethische Qualität, die ich in mir trage. Warum können wir diese Potenziale und inneren Werte nicht leben? Ganz einfach: weil unsere Überzeugungen, Glaubenssätze und Muster uns dabei im Wege stehen.

Erinnern Sie sich: Das Kind übernimmt in der Prägung die emotionalen Zustände, die die Mutter in sich trägt. Nehmen wir das Beispiel »Versorgt sein«. Jemand, der diese Emotion kennt, braucht um sein Auskommen nicht kämpfen. Ihn quält keine Existenzangst. Er ist versorgt, und zwar im materiellen Sinn.

Meine Mutter ist ein Flüchtlingskind, mein Vater hat den Krieg miterlebt. »Versorgt sein« kannten die beiden nicht. Stattdessen war da die Angst, es könne nicht reichen. Diese Angst wurde auf mich übertragen und zu einem zentralen Hinderungsprogramm in meinem Leben. Unsere Bezugspersonen geben uns die Potenziale und die Ängste weiter, über die sie selbst verfügen. Was sie nicht haben, können sie nicht geben. Eine Mutter kann beispielsweise nur dann Vertrauen ins Leben an ihre Kinder weitergeben, wenn sie selbst den emotionalen Zustand »Vertrauen« hat.

Jede Angst wird im Laufe der Zeit mit eigenen Erfahrungen überschrieben. Schon als junger Zeitsoldat kam ich mit meinem Geld nicht aus. Ich entschied mich für eine Frau, die mehr ausgab, als ich verdiente, und so waren die roten Zahlen auf dem Kontoauszug schon bald ein Dauerzustand. Ich erfuhr also abermals, dass es nicht reicht. Als ich später mehr Geld verdiente, weil ich nebenbei Kosmetikprodukte vertrieb, wuchsen auch meine Verpflichtungen und deshalb reichte es wieder nicht.

Kennen Sie die Geschichte von Hase und Igel aus der Grimmschen Märchensammlung, in der der Igel stets das Wettrennen gegen den Hasen gewinnt, gleichgültig wie schnell der Hase läuft? Der Hase übersieht, dass er nicht gewinnen kann, weil der listige Igel am Ziel seine ihm zum Verwechseln ähnliche Frau postiert hat, die in aller Ruhe auf den atemlosen Spurt des ehrgeizigen Hasen wartet und ihm entgegenruft: »Ich bin schon da!« Irgendwann bricht der Hase entkräftet zusammen.

So ist es mit den Prägungen und den Erfahrungen. Bin ich in meiner Angst, so bin ich in einem negativen Schwingungsfeld und ziehe wiederum ein negatives Ereignis gleicher Qualität in mein Leben. Mit jeder weiteren Erfahrung bestätigt sich also meine Angst. In letzter Konsequenz entwickelt unser Unterbewusstsein schließlich ein Verhaltensmuster, das nur ein Ziel hat: die Angst zu verhindern.

Unser emotionaler Code

Wir kennen die meisten unserer Ängste demnach gar nicht, weil unsere Verhaltensmuster dafür sorgen, dass unsere Ängste nicht nach oben kommen. Um die Angst, nicht versorgt zu sein, nicht zu spüren, entwickeln Menschen beispielsweise das Verhaltensmuster »arbeiten gehen«. Wer Arbeit hat, der braucht keine Angst zu haben. Der ist versorgt. Deshalb halten Menschen mitunter an einem Arbeitsplatz fest, auch wenn er ihnen nicht entspricht, sie unzufrieden und unglücklich macht. »Egal wie, egal was, Hauptsache Arbeit« lautet die Devise.

So kann man auch das ganze Kollektiv, also die ganze Gesellschaft, anschubsen. Wenn es heißt: »Achtung, Achtung, es gibt jetzt eine Krise in Deutschland und viele Menschen werden ihren Arbeitsplatz verlieren«, wird jeder, der mit dieser Angst in Resonanz geht, noch fleißiger arbeiten. Er schreibt dann seine Überstunden nicht mehr auf, geht sogar mit fiebriger Erkältung ins Büro und nimmt einen Stapel Akten mit nach Hause.

Nicht, dass wir uns falsch verstehen. Ich will keinesfalls den Müßiggang propagieren. Aber es ist ein entscheidender Unterschied, ob ich etwas aus meinem tiefsten inneren Antrieb und mit Freude tue oder aus Angst.

Jeder Mensch hat einen individuellen emotionalen Code, der sich einerseits aus seinen Potenzialen und Werten und andererseits aus den Ängsten und Verletzungen zusammensetzt, die sich über die Potenziale gelegt haben. Auf den Ängsten und Verletzungen haben sich wiederum Verhaltensmuster platziert, die einzig und allein den Zweck haben, diese Ängste nicht zu spüren. Die Realität, die wir erleben, entspricht unserem emotionalen Code.

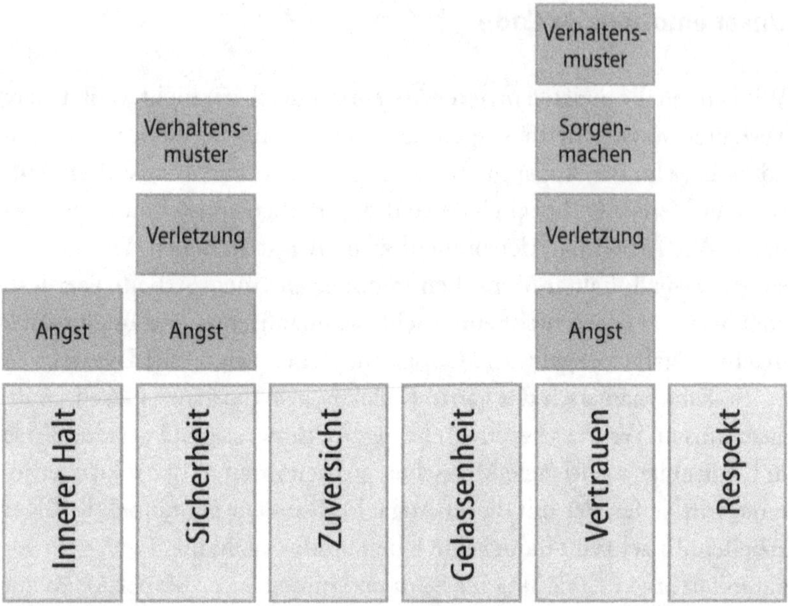

Unser emotionaler Code setzt sich aus unseren Potenzialen, inneren Werten, unseren Ängsten und Verletzungen zusammen. Verhaltensmuster liegen über den Ängsten und Verletzungen, damit der Schmerz bzw. das negative Gefühl nicht spürbar wird.

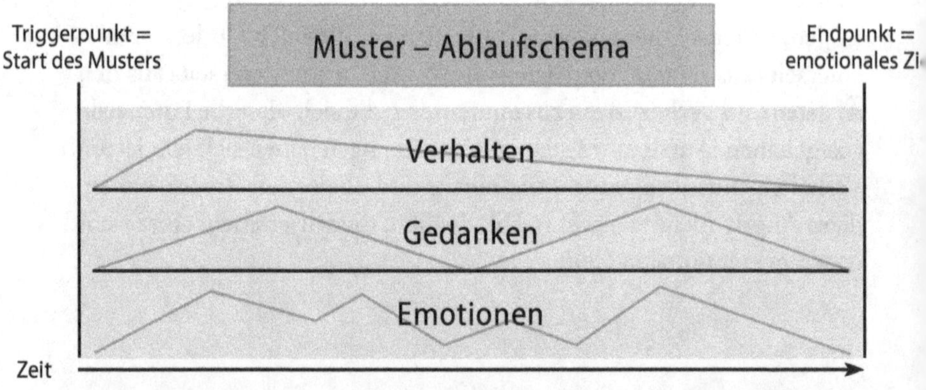

Ein Muster verfügt über drei Ebenen: das Fühlen, das Denken und das Handeln. Am Anfang steht stets das (negative) Gefühl. Es beeinflusst Ihr Denken. Ihr Denken bestimmt Ihr Verhalten. Einmal angestoßen, läuft ein automatisierter Prozess ab, der dem Ziel folgt, das negative Gefühl nicht mehr zu spüren. Es wird verdrängt, umetikettiert oder man geht ihm mit einem konditionierten Verhalten aus dem Weg.

Unsere Gedanken sind Energie

Worauf wir unsere Aufmerksamkeit richten, das bekommt Energie. Es wächst und wir ziehen von dieser Qualität noch mehr in unser Leben. Wenn wir unsere Gedanken auf unsere Sorgen richten, gehen wir in die Schwingung unserer Sorgen. Da gleiche Schwingungen sich anziehen, geschieht was? Richtig: Unsere Sorgen werden noch größer. »Familie Soundso ist vom Pech verfolgt«, hören wir häufig. Das Pech ist aber keine hinterhältige Person, die eine Familie zu ihrem auserwählten Opfer macht, während Familie Soundso ohnmächtig ausgeliefert ist. Wer sollte denn das Pech auf die Familie ansetzen? Die oberste Pechbehörde? – Nein, glauben Sie mir, so funktioniert das Leben nicht. Wir sind der Schöpfer unseres Lebens und wir können es jederzeit ändern, wenn wir seine Grundregeln verstanden haben.

»Wir sind, was wir denken.
Alles, was wir sind, entsteht mit unseren Gedanken.
Mit unseren Gedanken machen wir die Welt.«

Weisheit von Buddha

Ein Heizungsinstallateur bat mich um Rat. »In meiner Firma geht alles schief«, klagte er. »Zuerst hatten wir in einem Objekt einen Wasserschaden, weil der Geselle einen Dichtungsring vergessen hat, dann wurden viel zu große Heizkörper geliefert und als endlich die für den Bau vorgesehenen eintreffen sollten, blieb der LKW im Schnee stecken. Es war Freitagabend und das Thermometer zeigte Temperaturen nahe null Grad an. Der Kunde tobte vor Wut und ich versuchte ihn zu besänftigen, indem ich vorübergehend Heizstrahler aufstellte. Als montags endlich der erste Heizkörper im Wohnzimmer des Kunden installiert war, löste sich eine Verankerung in der Wand und riss ein großes Loch in das Mauerwerk. Kaum war dieser Schaden behoben …«

Ich unterbrach den Mann und fragte: »Was ging Ihnen in den letzten Wochen durch den Sinn, wenn Sie an den Kunden und diese Baustelle dachten?« – »Ich hatte ständig Angst vor der nächsten Panne«, antwortete er. »Ich konnte nachts nicht schlafen, weil ich mir Sorgen machte, dass meine Pechsträhne noch weiter anhält, und habe versucht, jeden Arbeitsschritt in Gedanken vorwegzunehmen, aber mir fiel immer nur ein, was alles schiefgehen könnte.«

Ich wette, ohne je mit ihm gesprochen zu haben, dass der Kunde des Installateurs die Situation seinerseits mit negativen Energien gefüttert hat. Er wird darüber mehr als nötig geredet und sich immer wieder in die Schwingung von Wut und Verständnislosigkeit begeben haben. Natürlich setzte sich die Pannenserie fort und zwar so lange, bis der Kunde, von Zorn getrieben, entschied: »Sie machen jetzt die Restarbeiten fertig und dann sehen wir uns nie wieder. Ich werde die Handwerksfirma wechseln!« Ab diesem Moment lief alles wie ein Schweizer Uhrwerk: zuverlässig, präzise und störungsfrei. Warum? Weil der Teufelskreis durchbrochen wurde. Weil die Luft raus war. Weil die Aufmerksamkeit aus dem Thema »Pleiten, Pech und Pannen« herausgenommen wurde, weil statt Angst jetzt klare Verhältnisse herrschten.

Umgekehrt bedeutet das: Wenn ich etwas wirklich erleben, erfahren oder haben möchte, muss ich meine Aufmerksamkeit gezielt darauf richten.

Eine junge Frau hatte sich einen Opel Corsa gekauft, weil ihr damaliger Kontostand ein größeres Auto nicht gestattete. Eigentlich hatte sie sich aber in den Opel Astra verliebt. Sie stellte sich vor, wie es wäre, morgens mit dem Astra zur Arbeit zu fahren, wie viel mehr Komfort der Wagen böte, wie viel schicker er aussähe. Im Sommer fasste die junge Frau den Entschluss, bis zum Jahresende einen Opel Astra zu besitzen.

Als ihr kleiner Corsa im September in die Werkstatt musste, bekam sie einen Leihwagen – raten Sie mal welchen? Natürlich einen Astra! Sie erzählte mir: »Da habe ich zu mir selbst gesagt: So war das doch gar nicht gemeint … Ich hatte an ein eigenes Auto und nicht an einen Leihwagen gedacht.« Sie genoss dennoch die beiden Tage und bekam einen Vorgeschmack auf das Gefühl, wie es ist, einen Astra zu besitzen. Zu Weihnachten schrieb sie mir: »Tatsächlich, durch eine Steuerrückzahlung und die Möglichkeit, den Corsa in Zahlung zu geben, ist alles so gekommen, dass ich ihn mir jetzt hätte kaufen können. Ich habe mich aber wegen des harten Winters und der glatten Straßen noch nicht dazu durchgerungen. Aber ich könnte es tun, und das allein zählt.«

Ein anderes Beispiel. Die Waschmaschine ist defekt und man denkt: »So ein Ärger! Jetzt auch noch 250 Euro für die Reparatur.« Ein »Mangelmuster« ist aktiv. Was passiert in Folge dessen? Jetzt geht auch noch der Geschirrspüler kaputt oder das Auto streikt. Am Anfang steht der Gedanke. Aber nicht der Gedanke allein ist gemeint, beispielsweise der Gedanke an Geld, sondern der emotionale Zustand, der durch den Gedanken hervorgerufen wird. Dieser emotionale Zustand manifestiert sich in unserer Realität. Wir erleben etwas, das diese Emotion bestätigt.

Wann bricht die Pechsträhne ab? Dann, wenn uns alles egal ist, weil wir dann die Aufmerksamkeit aus der Angelegenheit herausnehmen. Mit anderen Worten: wenn wir losgelassen haben.

Von der Wunschenergie zur Realisierungsenergie

Es gibt viele Bücher, in denen steht: »Wünsch dir etwas, und es kommt in dein Leben.« Bei den kleinen Dingen klappt das häufig, aber bei den großen, elementaren Dingen klappt es merkwürdigerweise nicht. Der Grund dafür ist, dass unsere Aufmerksamkeit dann nicht mehr auf der Sache liegt, sondern auf dem Wunsch, die Sache zu haben. Oder die Aufmerksamkeit ist auf die Hoffnung gerichtet, die Sache möge in mein

Leben kommen. Und das ist das Fatale, denn wer sich an die Hoffnung klammert, hat keine Hand frei, um sie etwas Neuem, Besserem entgegenzustrecken. Wunsch und Hoffnung implizieren, dass ich etwas nicht habe.

Wenn wir wünschen und in der Wunschenergie verharren, verstärken wir den Zustand des Nichts-Habens. Wenn wir hoffen, bestärken wir den Zustand des Nicht-Habens in Kombination mit dem Gefühl von Ohnmacht. Damit verlassen wir unsere Gestaltungskraft. Erst die klare Entscheidung *für* etwas, die Absicht, es zu bekommen, bringt uns in die Kraft, die wir Realisierungsenergie nennen.

»Ich würde so gerne einmal in die Südsee fliegen. Oh, wäre das schön.« So klingt ein Wunsch. »Hoffentlich kann ich in diesem Leben einmal in die Südsee fliegen …« So klingt eine Hoffnung. »Meinen nächsten Urlaub verbringe ich in der Südsee. Ich weiß zwar noch nicht wie, aber da fliege ich hin!« So klingt eine Absicht. Der Absicht muss die Gewissheit zugrunde liegen, dass sie sich erfüllt. Pseudo-Absichten, die nicht aus Ihrem tiefsten Inneren kommen, funktionieren nicht. Sie haben ebenso wenig Realisierungsenergie wie Wünsche und Hoffnungen.

Wir müssen lernen zu erkennen, worauf unsere Aufmerksamkeit tatsächlich gerichtet ist. Und wir müssen lernen, aus einer Hoffnung oder einem Wunsch in die Schwingung zu gehen, die es braucht, damit Realität wird, was wir erstreben. Je weniger Hinderungsmuster uns dabei im Weg stehen und je mehr Potenziale diese Absicht untermauern, umso schneller wird sie Realität.

Wie erkenne ich meine Hinderungsmuster? Wie überwinde ich das, was mich hindert, glücklich zu sein? Wie entdecke ich meine Potenziale? Vor dieser Frage stand ich auch, nachdem ich so viel über die

Gesetze und Spielregeln des Lebens gehört, gelesen, sie beobachtet, ausgewertet und verstanden hatte. Wie komme ich endlich von der Theorie in die Praxis? Wie kann ich Worten nun Taten folgen lassen?

Zeit für die praktische Umsetzung – auch für Sie!

Mir wurde klar: Ich brauche eine Technik, die ich im Alltag jederzeit anwenden kann, um aus meinen alten, konditionierten Programmen herauszukommen. Und so begann ich, an einer Methode zu arbeiten, die ich Mentale Resonanz Methode nannte. Sie besteht aus fünf einfachen Schritten, um die negativen Gefühle, Ängste, Verletzungen und Blockaden zu erkennen, mit ihnen zu kommunizieren und sie dann Schicht für Schicht abzutragen. Indem ich der Angst in die Augen schaue und ihr begegne, kann ich auf emotionaler Ebene mit ihr sprechen.

Stellen Sie sich vor, Sie wären Archäologe und hätten den Auftrag, etwas über das Leben in der Stadt Köln zur Römerzeit herauszufinden. Sie würden sich mit einer Spitzhacke ans Werk machen und den Asphalt des 21. Jahrhunderts aufpicken. Vermutlich würden Sie zunächst auf eine Pflasterung aus der Vorkriegszeit stoßen, denn Köln wurde bekanntlich auf den Trümmern des Zweiten Weltkriegs wieder aufgebaut. Wenn Sie weitergraben, stoßen Sie auf Spuren der mittelalterlichen Stadt, die sich durch besonderen Wohlstand auszeichnete. Erst wenn Sie auch diese Schicht abgetragen haben, kommen Sie an Ihr Ziel, das Köln der Römerzeit. Es liegt tief unten, zugeschüttet und zubetoniert.

Wer an die Quelle will, muss graben. So ist das nicht nur beim Brunnenbohrer und beim Archäologen, so ist das auch in unserem Leben. Unsere Herausforderung ist, die Angst- und Verhinderungsmuster Schicht für Schicht zu entfernen, um an unser Potenzial zu gelangen und es frei zu legen.

Ich experimentierte einige Monate, übte, meinen Verstand auszuschalten und meine Aufmerksamkeit nach innen zu richten. Ich tüftelte Tag für Tag an einem Verfahren, das es mir gestattet, jederzeit verlässlich mit meinen Gefühlen zu kommunizieren.

Es dauerte eine ganze Weile, bis ich überhaupt von einer Methode sprechen konnte, also von einem systematisierten Verfahren, das ich immer dann verlässlich anwenden konnte, wenn ich mich in einer Emotion oder einer Lebenssituation befand, die ich so nicht haben wollte.

Es hat viele weitere Monate gebraucht, um die Mentale Resonanz Methode so aufzubereiten, dass ich sie anderen Menschen beibringen kann. Inzwischen habe ich das tausendfach getan. Meine Absicht ist, dass möglichst viele Menschen selbstbestimmt und eigenverantwortlich mit dieser Mentaltechnik arbeiten.

Die Mentale Resonanz Methode

Fünf kleine Schritte zu einer großen Veränderung

Die Mentale Resonanz Methode ist eine Technik, die es uns ermöglicht, negative Muster, Verhaltensautomatismen, Ängste und Gefühlsreaktionen, die einem erfüllten Leben im Weg stehen, in fünf Schritten zu erkennen, zu ihrem Ursprung zurückzuverfolgen und aufzulösen. Dies geschieht – anders als bei anderen Konzepten, wie beispielsweise dem »Positiven Denken« – nicht mit dem Verstand, sondern auf emotionaler Ebene. Das ist der Grund, warum die Methode so wirkungsvoll ist. Ein weiterer wesentlicher Unterschied zu anderen Verfahren wie beispielsweise der Hypnose oder der Kinesiologie ist der, dass Sie die Mentale Resonanz Methode relativ leicht erlernen und dann selbst für sich anwenden können. Sie sind also unabhängig von einem Arzt, Trainer oder Therapeuten und können sofort tätig werden, wenn sich eine Angst, ein negatives Gefühl oder ein emotionaler Schmerz zeigt. Sie benötigen weder Hilfsmittel noch die Unterstützung Dritter. Sie sind autark. Und zwar in jeder Hinsicht. Sie sind und bleiben jederzeit in Ihrem Willen frei, in Ihrem Handeln unabhängig und emotional selbstbestimmt. Wenn Sie mit der Mentalen Resonanz Methode arbeiten, wird Ihr ureigener positiver Schwingungszustand freigelegt, der bis dahin durch das destruktive Muster überschrieben gewesen war. Im Ergebnis bedeutet das: Entweder Sie reagieren fortan auf spezielle Situationen nicht mehr in einem Angst- und Verhaltensmuster, sondern entspannt, gelassen oder sogar gleichgültig. Oder aber Sie ziehen wie ein Magnet durch das veränderte Schwingungsfeld von den fast unendlichen Möglichkeiten des Lebens die Möglichkeit an, die Ihrer neuen inneren Haltung entspricht. Mit anderen Worten: Die Situationen, die Sie zuvor emotional aus dem Tritt gebracht haben, entstehen gar nicht mehr, sondern stattdessen solche, die Sie als positiv ansehen.

Der Alpha-Zustand

Um erfolgreich mit der Mentalen Resonanz Methode arbeiten und Muster auflösen zu können, müssen wir den Verstand auf eine andere Ebene bringen und einen ganz bestimmten Bewusstseinszustand herstellen, nämlich den sogenannten Alpha-Zustand. Nur im Alpha-Zustand können wir Verhinderungsmuster, die uns im Weg stehen, löschen.

Im alltäglichen Wachzustand ist unser Bewusstsein normalerweise mit der Außenwelt beschäftigt und unsere gesamte Aufmerksamkeit ist nach außen gerichtet. Wir befinden uns im sogenannten Beta-Zustand. In diesem Zustand reagieren wir auch auf unsere Umgebung, ständig »scannen« wir unbewusst alles um uns herum. Sobald sich dabei etwas mit früheren negativen Erfahrungen oder Prägungen deckt, werden automatisch unsere abgespeicherten Reaktions- und Verhaltensmuster aktiviert und wir erleben sofort die entsprechenden Gefühle. Wenn ein destruktives emotionales Muster aktiv ist, befinden wir uns also im Beta-Zustand. Unser Verstand operiert im Betriebsmodus »Scannen, reagieren, bewerten, beurteilen«.

Vom Bewerten zum Beobachten

Charakteristisch für den Alpha-Zustand ist, dass dieses Bewertungssystem inaktiv bleibt. Der Verstand läuft im Betriebsmodus »Beobachten«. In diesem Bewusstseinszustand findet Inspiration statt. Das bedeutet, neues Wissen, neues Denken und neue Erkenntnisse kommen zu uns. Das ist die Voraussetzung für Veränderung und Entwicklung. Menschen, die nie im Alpha-Zustand sind, sind starr und nicht zugänglich für Veränderung. Inspiration erfolgt durch die Absicht, etwas wissen zu wollen, und indem der Mensch fähig ist, loszulassen, zu entspannen, kurz: in den Alpha-Zustand zu wechseln.

Wo viele Menschen ein ganz natürliches Eintreten in den Alpha-Zustand erleben:
Beim Joggen, Duschen, bei sehr monotonen Tätigkeiten, kurz vor dem Einschlafen, nach dem Aufwachen, beim Meditieren.

Die Muskeln lockern sich, die Haltungsspannungen des ganzen Körpers lassen nach, die Wahrnehmung der Außenwelt verliert sich. Kurz bevor wir einschlafen, sind wir im Alpha-Zustand. Wir können ihn aber auch jederzeit bewusst herbeiführen. Wir müssen nur unser Augenmerk vom Außen ins Innen richten, indem wir zum Beispiel mit unserer gesamten Aufmerksamkeit unseren Atem beobachten. Wir konzentrieren uns auf unsere Nasenflügel, nehmen wahr, wie der Atem durch die Nase und durch den Oberkörper in die Lunge strömt, sich dort ausbreitet, und verfolgen dann beim Ausatmen den Weg zurück.

Meditation als Weg der inneren Kommunikation

Das Wesentliche dabei ist, dass unser Verstand nicht gleichzeitig beobachten und bewerten kann. Wenn er beobachtet, ist das Bewertungssystem inaktiv. Am besten üben wir den Alpha-Zustand mit Atem- und Entspannungsübungen oder in der Meditation. Meditation bedeutet: sich selbst beobachten, die eigenen Gefühle finden und wahrnehmen, innere Einkehr suchen und letztendlich sich dort selbst zu finden. In der Meditation lernen wir unsere Konzentration auf uns selbst zu richten und uns mit allen Sinnen selbst wahrzunehmen.

Wer bin ich? Was ist mein Platz in diesem Leben? Wie will ich sein? Was will ich erfahren und erleben? Was will ich denken? Was will ich fühlen? Das sind Fragen, die nicht mit dem Bewertungssystem unseres Verstandes beantwortet werden können. Jeder Mensch muss die Antworten in sich erfahren. Die Meditation ist ein Weg dorthin.

Es geht also nicht darum, mit dem Verstand ein Idealbild von sich zu entwerfen und krampfhaft zu versuchen, sich diesem Bild anzunähern. Dieser Irrweg wird von Menschen beschritten, die sich in Klischees bewegen, die ihnen Gesellschaft, Medien oder Familie aufgedrängt haben. Jede Form von Zwang – innerer wie äußerer – stoppt den Fluss des Lebens. Zwang ist niemals ein Mittel, um voranzukommen.

Was wir tief in uns wirklich wollen, wird uns nicht nur glücklich, sondern auch erfolgreich und finanziell unabhängig machen. In der Meditation richten wir uns auf unsere Mitte aus. Wenn wir täglich meditieren, ändert sich unser Alltag, weil wir, statt uns ausschließlich auf die Außenwelt zu konzentrieren, unser Augenmerk auf uns selbst richten. Das führt jedoch nicht, wie manchmal befürchtet, zu weltabgewandter Nabelschau und Egoismus, sondern vielmehr zu Selbsterkenntnis, innerer Ganzheit und als logischem Schritt zu mehr Verantwortung für sich selbst und die Welt.

Eine meiner Kundinnen litt unter Depressionen. Aus eigener Erfahrung weiß ich, dass gerade bei depressiven Menschen die Meditation angezeigt ist. Die alleinerziehende Mutter hatte zwar einen Job bei einem großen Fernsehsender, kam aber mit ihrem Geld hinten und vorne nicht aus. Sie litt unter dem Alleinsein und wünschte sich einen neuen Partner. Mit der Mentalen Resonanz Methode und mit täglicher Meditation gelang es ihr, sich selbst kennenzulernen, sich vollkommen neu auszurichten, ihre Schwingung zu verändern und neue Absichten zu treffen, und zwar Tag für Tag.

Denn wir dürfen nicht vergessen, dass wir permanent wählen und so unseren Lebensweg gestalten. Selbst wenn wir passiv bleiben, wählen wir: nämlich nicht zu handeln. Wenn wir aber mit dem Verstand wählen, dann haben wir nur die Wahl zwischen den Optionen, die unser Verstand kennt, also zwischen dem, was wir bereits erlebt und erfahren haben. Wir drehen uns immer im selben Hamsterrad. Wie können wir das Undenkbare in unser Leben lassen, wie können wir Möglichkeiten erschaffen, die jenseits dessen liegen, was sich unser Verstand zurechtlegt? Indem wir meditieren und mit dem Teil in uns sprechen, der viel mehr über uns weiß als unser Verstand: unsere Seele.

Nach zwei Jahren schrieb mir die Fernsehredakteurin einen Brief und schwärmte von ihrem Traummann, mit dem sie und ihr kleiner Sohn nun ein Traumhaus bewohnen. Und gerade waren sie aus einem Traumurlaub zurückgekehrt. Dass sich ihr Leben so wandelt, hätte sie sich im Traum nicht vorstellen können, schrieb sie. Viel weniger noch mit ihrem Verstand!

Ich habe es mir angewöhnt, täglich eine Stunde zu meditieren, um mich auf den Tag einzustimmen. Ich möchte ganz bei mir, in meiner Mitte sein, wenn ich den Herausforderungen des Alltags begegne. Und ich suche beim Meditieren Antworten auf Fragen und Hilfe bei Entscheidungen. Wenn ich zweifle oder hadere, dann verschiebe ich das Problem auf den folgenden Tag und beschließe, darüber zu meditieren.

Nur wer mit seiner Seele kommuniziert, kommt sich selbst nahe. Der Weg zur Selbstverwirklichung führt über den Informationsaustausch mit der Seele, über die Meditation.

In meinen Seminaren führe ich geradezu einen Werbefeldzug zugunsten der Meditation, zugegebenermaßen nur mit durchschnittlichem Erfolg. »Ich habe keine Zeit dazu«, klagen ausgerechnet diejenigen, die jede Menge Zeit damit verschwenden, unglücklich oder krank zu sein. Zurück zum Ausgangspunkt:

Um mit der Mentalen Resonanz Methode zu arbeiten, müssen wir also den Unterschied zwischen den beiden Bewusstseinsebenen Alpha- und Beta-Zustand kennen, denn ein Muster können wir nur dann lösen, wenn das Muster aktiv ist. Wir sind dann folglich im Beta-Zustand, müssen jedoch in der Lage sein, vom Beta- in den Alpha-Zustand zu schalten. Das tun wir, indem wir unsere Aufmerksamkeit nach innen, zu unseren Gefühlen, richten. Und das ist auch der erste Schritt der Methode.

Schritt 1 der Mentalen Resonanz Methode:

Mit der Aufmerksamkeit zum Gefühl!

Die Idee für den Einstieg, nämlich sich auf das Gefühl zu konzentrieren, kam mir im Gespräch mit einem australischen Ureinwohner, einem Aborigine. Während dieses Gesprächs stellten wir sehr schnell fest, dass unsere Kulturen komplett unterschiedlich »ticken«, weil sich die Art unseres Denkens gravierend unterscheidet.

Die Weltsicht der Aborigines

Ich hatte kürzlich das Buch *Traumfänger* über die Aborigines gelesen. Darin hieß es, dass sie uns, die westlich geprägten Menschen, als »die Veränderten« bezeichnen. Ich wollte wissen, was damit gemeint ist, und weil ich es wirklich wissen wollte, weil ich also die feste Absicht hatte, diese Frage für mich zu klären, geschah das, was immer geschieht, wenn unsere Absicht fest und klar und frei von verborgenen Inhalten ist: Sie verwirklicht sich. Wenige Tage später hatte ich in München zu tun und hörte in der Fußgängerzone einen Didgeridoo-Spieler. Neugierig folgte ich der Melodie und stieß auf einen Aborigine. Er saß auf den Pflastersteinen und musizierte, um ein bisschen Kleingeld zu verdienen. Ich nahm meinen ganzen Mut zusammen, ging auf ihn zu und fragte ihn, ob er das Buch von Marlon Morgan kennen würde. Er schüttelte den Kopf: »Nein, noch nie davon gehört.« Also erklärte ich ihm, um was es geht.

Er lächelte und sagte: »Ja, ihr seid die Veränderten.« »Warum?«, wollte ich wissen.

»Wie will ich einem Veränderten erklären, dass er ein Veränderter ist?«, seufzte er. »Aber ich will es versuchen«, fuhr er fort. »Wir haben ein völlig anderes Verständnis für die Dinge, wie sie sind. Als kleiner Junge wurde mir ein Weltbild vermittelt, in dem es nur eine einzige Schöpfung gibt. Alles, was existiert, ist diese Schöpfung. So verstehen wir unter ›Gott‹ nicht einen Herrscher im Himmel, sondern die Summe aller Existenz. Gott ist ›Alles-was-ist‹. Entsprechend ist alles, was existiert, ein Teil der Schöpfung: Wind, Wasser, Steine, Pflanzen, jedes einzelne Lebewesen – einfach alles! Und so ist auch jeder Mensch ein Teil des Ganzen.

Gefühle sind die Sprache der Seele

Die einzelnen Teile der Schöpfung existieren nicht etwa getrennt voneinander. Nein, sie sind alle miteinander verbunden. Es ist wie bei einem See. Der See besteht aus zahllosen einzelnen Wassertropfen, und die Summe aller Tropfen ergibt den See. So bist auch du ein Teil der Schöpfung und immer mit ihr und ›Allem-was-ist‹ über deine Seele, den göttlichen Funken in dir, verbunden. Der große Unterschied zwischen uns ist: Ihr ›Veränderten‹ tut alles, um eure Seele nicht zu hören, ihr unterdrückt und verdrängt jedes negative Gefühl. Aber unsere Gefühle sind die Sprache der Seele.«

Wir haben uns angewöhnt, unangenehme Gefühle zu unterdrücken. Unsere Gefühle sind jedoch wichtige Botschafter unserer Seele. Wir müssen lernen, unsere Gefühle in unserem Körper zu finden und mit ihnen zu kommunizieren.

Mit der Mentalen Resonanz Methode praktizieren wir genau das. Die Gefühle zu suchen und bewusst wahrzunehmen, mutet zunächst ungewohnt an. Es braucht vielleicht anfangs etwas Mut, sich darauf einzustellen, denn die meisten Menschen sind es gewohnt, sich ausschließlich auf ihren Verstand zu verlassen.

Ich bemerke in meiner täglichen Arbeit immer wieder, wie fremd und ungewohnt es für viele Menschen ist, in einen Dialog mit ihren Gefühlen einzutreten. Manchen macht es sogar Angst. Aber keine Sorge: Wenn Sie sich einmal darauf eingelassen haben und ein Erfolgserlebnis verzeichnen können, werden Sie diese Art des Umgangs mit sich selbst nie wieder aufgeben.

Nun zur Praxis

Um mit einem Gefühl zu kommunizieren, muss dieses Gefühl in uns wach und lebendig sein. Im Alltag gibt es dafür mehr als genug Gelegenheiten: Eine Situation »triggert«* ein Muster an. Wie merke ich, dass ein Muster aktiv ist? Der wichtigste Indikator ist das negative Gefühl. Wenn ich ein Muster auflösen möchte, dann ist das negative Gefühl der Kompass, der Leitfaden, die Richtungsanzeige. Immer, wenn Sie mit einer Situation nicht zufrieden sind oder Ihnen ein Gefühl nicht gut tut, weil es unangenehm ist, gibt es ab sofort die Möglichkeit, mit Ihren Gefühlen zu arbeiten. Wir erinnern uns: Das Gefühl ist der Ausdruck Ihrer augenblicklichen Schwingung.

Wie treten Sie mit der Schwingung in Kontakt? Sie richten Ihre Aufmerksamkeit auf das Gefühl. Sie suchen das Gefühl im Körper. Sie lokalisieren es punktgenau. Sie können sich das Gefühl als eigenständige Persönlichkeit vorstellen und mit Ihrem bewussten Willen mit dieser Persönlichkeit kommunizieren. Denn letztendlich ist das Gefühl der

---

* *Der englische Begriff Trigger (Kameraauslöser, Abzug bei einer Waffe) bezeichnet Sinneseindrücke, die wie ein Schlüsselreiz die Erinnerungen an alte Erfahrungen in einer Art und Weise wecken, dass man die gleichen Gefühle wie in der damaligen Situation wieder erlebt. Dabei genügen oft schon schwache Signale als Auslöser, zum Beispiel ein Geruch, Geräusch oder bestimmte Wörter.*

Ausdruck eines emotionalen Zustandes, einer Einstellung, die wir oft gar nicht begreifen. Doch sobald wir die Sprache des Gefühls besser kennenlernen, verstehen wir auch die Botschaft.

Mein Schlüsselerlebnis

Mein Schlüsselerlebnis hatte ich in einer Lidl-Filiale. An einem Sonntagabend traf ich die Absicht: Wenn ich das nächste Mal ein negatives Gefühl verspüre, mache ich es genauso wie der Aborigine: Ich kommuniziere mit diesem Gefühl.

Am darauffolgenden Montagmorgen wartete ich in einer langen Schlange an der Supermarktkasse. Ein junger Mann kam näher. In der Hand hielt er drei Milchtüten und obendrauf eine Flasche Wodka. Mein Verstand fällte augenblicklich ein Urteil. Negativ!

Der Mann ging an der Warteschlange vorbei, schob sogar den Einkaufswagen einer älteren Dame auf die Seite, um ganz nach vorne zu kommen, und stellte sich direkt vor die Kassiererin in die »Pole Position«! Die anderen Kunden reagierten pikiert, aber hilflos. Ich hörte nicht mehr als ein leises Gemurmel.

Bei mir ging allerdings jetzt die Post ab: Sofort stiegen mein Blutdruck und mein Puls, ich wurde aggressiv ohne Ende, so als wäre ein Knopf in mir gedrückt worden. Ich war kurz davor auszurasten. Heute weiß ich: Ein Muster war aktiv. Als ich den Kerl gerade von hinten packen wollte, fiel mir meine Entscheidung vom Vortag ein: »Du wolltest doch mit der Aufmerksamkeit auf deine negativen Gefühle gehen und mit ihnen kommunizieren.« Jetzt war die richtige Gelegenheit dazu!

Wie am roten Faden gezogen, begann ich, das Gefühl in meinem Körper zu suchen und fand es im Solarplexus, dem emotionalen Zentrum, das über dem Magen im Rippenbogen liegt. Ich war überrascht, dass das Gefühl nicht statisch, sondern in Bewegung war. Die Wut raste kreuz und quer durch meinen Bauch. Da ich die Emotion lokalisieren wollte, ergab sich eine Art Verfolgungsjagd. Das Gefühl rannte vorneweg und ich versuchte verzweifelt, es einzufangen. Schließlich ging es dorthin zurück, wo es herkam. Ich landete mit meiner Aufmerksamkeit also wieder im Solarplexus und plötzlich veränderte sich alles. Ich wurde ganz ruhig. Zweite Überraschung: Die Wut und die Aggression waren verschwunden. Mir fiel ein Sprichwort ein: »In der Ruhe liegt die Kraft«, und ich wusste plötzlich: Das ist also damit gemeint. Ich dachte: »Das fühlt sich ja cool an. So muss man durchs Leben gehen. In dieser Ruhe. Das ist ja klasse.«

Während ich die Ruhe genoss, interessierte mich der Drängler nicht mehr. Er stand nicht mehr im Blickfeld meiner Aufmerksamkeit. Ich war ganz bei mir und mir fiel die Frage ein: »Warum regt mich ein Drängler immer so auf?« Dritte Überraschung: In diesem Moment fiel es mir wie Schuppen von den Augen, und es erschien eine riesengroße Überschrift vor meinem geistigen Auge: »Alle deine Minderwertigkeitsgefühle sind aktiv.« Mir war von einer Sekunde zur anderen klar, dass das respektlose Verhalten des Dränglers der rote Knopf war, der ein Muster aktiviert hatte. Die Datei »Minderwertigkeitskompl.exe« wurde gestartet. Hinter meinem aggressiven Verhalten lag ein Minderwertigkeitsgefühl, ein Sich-klein-Fühlen, ein Nichts-wert-Sein.

Ich sah meinen sehr autoritären Vater, der mich respektlos behandelte, was mich traurig machte. Mir fiel eine Szene mit meinem alkoholkranken Großvater ein, der respektlos mit mir umging. Und schon wieder tauchte der Begriff Respekt auf. Alles hatte mit Respekt zu tun. Da begriff ich: Es geht nicht um das Ereignis selbst, sondern darum, wie ich auf das Ereignis reagiere.

Dann erinnerte ich mich an Frau Haas, meine Sportlehrerin in der Grundschule. Ich war kein guter Sportler gewesen, um nicht zu sagen, ein ganz schlechter. Beim 50-Meter-Lauf lag ich stets hinten, weit abgeschlagen vom Rest der Klasse. Eines Tages zwickte mir Frau Haas in den Oberschenkel und zischte: »Dort muss deine Ferse anschlagen, dann läufst du schneller!« Die ganze Klasse grinste. Ich war bis auf die

Knochen blamiert. Am liebsten wäre ich ins nächste Mauseloch gekrochen und dort gestorben. Dennoch versuchte ich beim nächsten Lauf, den Anweisungen der Lehrerin Folge zu leisten, und schlug die Fersen an die Oberschenkel, was aber keineswegs dazu führte, dass ich schneller laufen konnte, sondern dazu, dass ich stolperte und fiel. Nie hatte ich diese Erniedrigung vergessen, die Frau Haas mir zugefügt hatte.

Ganz anders hatte mein Klassenkamerad Freddy die Situation erlebt. Er erzählte mir erst kürzlich, dass er dieselbe Erfahrung mit Frau Haas gemacht und dabei den Respekt vor ihr verloren habe, weil sie solch unprofessionelle, dumme Anweisungen gegeben hatte. »Die war für mich total gestorben«, erklärte er mit einer abfälligen Geste. In der Rückschau wird mir deutlich: Freddy trug das Potenzial »Respektiert sein« in sich, deshalb gelang es Frau Haas nicht, ihn zu erniedrigen. Der Versuch der Lehrerin prallte an ihm ab. Ich hingegen ging sofort mit ihrem Verhalten in Resonanz. Der Grund: Mir fehlte das Potenzial »Respekt«, also das Gefühl, respektiert zu sein. Stattdessen hatte ich Minderwertigkeitskomplexe. Nur weil Frau Haas den Finger in meine Wunde legte und meine Minderwertigkeitskomplexe aktivierte, war es möglich, dass ich mich derart gedemütigt fühlte.

Nicht die Tatsachen an sich lösen Emotionen aus, sondern die Interpretation und Bewertung dieser Tatsachen.

Ich stand immer noch an der Kasse im Lidl und dachte: »Wow! Das ist ja der Hammer! Warum weiß ich das jetzt alles?« Als ich mir diese Frage stellte, kamen schon wieder die Antworten auf mich zu. Die erste war: »Weil du gefragt hast.« Die zweite lautete: »Weil du bei dir warst.«

Was erreichen wir also mit dem ersten Schritt der Methode? Wir wechseln vom Beta- in den Alpha-Zustand (bitte lesen Sie dazu noch einmal auf Seite 79 f. nach) und nehmen uns so aus dem Muster heraus. Im Alpha-Zustand ist augenblicklich das Tor zum Unterbewusstsein geöffnet.

Die Gefühle im Körper finden

Nun suchen wir unsere Emotionen. Sie sind irgendwo im Körper zu finden. Ganz sicher sind sie dort. Da spüren wir sie ja schließlich. Die Wut kommt meistens aus dem Bauch und wandert Richtung Leber. Dort sitzt auch häufig die Ohnmacht. Das Thema »Abgrenzung« sitzt an der Schilddrüse oder am Hals. Herzensangelegenheiten wie Verletzungen befinden sich am Herzen. Der Rückenbereich ist mit allen möglichen Ängsten belastet, wie etwa der Angst vor Fremdbestimmung. Im Nacken sitzt die Angst vor der Konsequenz. Im Nierenbereich sitzen Enttäuschungen. So hat jede Emotion einen Platz im Körper.

Jeder von uns kennt zahlreiche Redewendungen, die genau diese Sachverhalte zum Ausdruck bringen. »Die Angst sitzt mir im Nacken«, »Mir läuft die Galle über«, »Das ist mir unter die Haut gegangen«, »Ich habe einen Kloß im Hals« oder »Mein Herz schlägt Purzelbäume« sind nur einige Beispiele dafür.

Für viele Menschen ist es anfangs ungewohnt, vielleicht sogar beängstigend, sich auf tiefe oder schmerzhafte Gefühle einzulassen. Mancher meint sogar, er könne seine negativen Gefühle nicht spüren. Glauben Sie mir, das kann (fast) jeder.* Es ist nur eine Frage der Übung.

---

* *Ich schreibe »fast«, weil ich in der Arbeit mit in der Kindheit schwer misshandelten Personen festgestellt habe, dass sie im wahrsten Sinne des Wortes »neben sich stehen« und sich nicht mehr fühlen können. Das Nicht-mehr-fühlen-Können ist eine Art Schutzmechanismus, den es braucht, um die Misshandlung zu überleben. Um diesen Schutzmechanismus zu deaktivieren, bedarf es der professionellen Unterstützung. Das können die betroffenen Personen meistens nicht selbst mithilfe der Mentalen Resonanz Methode bewerkstelligen. Sie brauchen jemanden an ihrer Seite, der stellvertretend für sie fühlen kann, so wie ich es in Einzelcoachings mache. Auch Menschen, die querschnittsgelähmt sind, können bekanntermaßen ihren Körper nicht mehr spüren, ebenso wie der Depressive. Aber jeder kann es lernen, seine Gefühle wieder wahrzunehmen. Es ist eine Frage der Absicht, der Methode und des Trainings. Das beweist niemand eindrucksvoller als der Filmemacher Clemens Kuby, der nach einer Querschnittslähmung kraft seines Willens und seiner Gedanken wieder gesund wurde.*

Sensibilität für die Gefühle anderer

Da ich inzwischen tagtäglich mit Gefühlen und emotionalen Zuständen arbeite, habe ich festgestellt, dass ich die Gefühle anderer Menschen sehr deutlich und präzise spüren kann. Das war zunächst überraschend, aber als ich merkte, dass es wirklich zuverlässig funktioniert, habe ich es mir antrainiert, mich voll und ganz auf den emotionalen Zustand anderer einzulassen. So kann ich meinem Gegenüber durch die emotionale Begleitung und durch das Feedback helfen, die Mentale Resonanz Methode anzuwenden.

Empathie ist die Feinfühligkeit, die Sensibilität, um den Schwingungszustand, also den emotionalen Zustand, eines anderen Menschen wahrzunehmen. Jeder kennt das aus eigener Erfahrung. Bei Menschen, die uns sehr nahestehen, praktizieren wir das nämlich, auch wenn es unbewusst passiert. Man denke an folgende Situation: Sie kommen abends nach Hause. Noch bevor Sie den Schlüssel in das Schlüsselloch stecken, »scannt« Ihr Unterbewusstsein schon den emotionalen Zustand der Bezugspersonen. Sie öffnen die Tür und können dann bereits fragen: »Was ist denn los?«

Auch wenn ich viele Menschen in Einzelcoachings begleite und inzwischen Mentaltrainer ausbilde, die ihrerseits diese Begleitung anbieten, ist und bleibt es doch mein Ziel, allen Ratsuchenden die Mentale Resonanz Methode so zu vermitteln, dass sie sie selbst anwenden können. Die Abhängigkeit von einem Coach ist nach meinem Empfinden mittelfristig nicht der richtige Weg in ein selbstbestimmtes Leben. Ein Einzeltraining ist oft der erste Schritt, um einen Stein ins Rollen zu bringen, aber rollen soll er dann mit Ihrer eigenen Energie.

Schritt 2 der Mentalen Resonanz Methode:
»Was hat das mit mir zu tun?«

Wenn wir das Gefühl beobachtet und im Körper lokalisiert haben, arbeiten wir mit der Absicht, etwas Bestimmtes wissen zu wollen. Dazu verwenden wir Fragen. Unser Unterbewusstsein ist so konditioniert, dass es jede Absicht erfüllt. Also werden auch Fragen beantwortet. Allerdings erfolgt das nicht auf der Verstandesebene, sondern auf der Ebene unserer Schwingungen, die wir über unsere Emotionen wahrnehmen. Das Unterbewusstsein antwortet mit Emotionen.

Die erste Frage, die wir stellen, lautet: »Was hat das (gemeint ist das Gefühl) mit mir zu tun, um was geht es eigentlich wirklich?« Bitte versuchen Sie auf gar keinen Fall, diese Frage mit dem Verstand zu beantworten. Ihr Verstand bleibt der unbeteiligte Dritte und beobachtet nur, was vor sich geht. Stellen Sie die Frage und vertrauen Sie darauf, dass Sie eine Rückmeldung erhalten. Sie werden eine Veränderung des emotionalen Zustandes wahrnehmen, üblicherweise, weil ein neues negatives Gefühl nach oben drängt. Es kann also zum Beispiel sein, dass Sie zunächst ein Stechen in der Herzgegend und dann einen Kloß im Hals spüren. Oder eine Last auf den Schultern und dann einen Druck auf der Brust. Sehr oft steigt eine Traurigkeit auf.

Sie finden in Ihrem Körper sowohl negative Emotionen wie Angst, Verzweiflung, Traurigkeit, Enttäuschung als auch negative Körperempfindungen wie Druck, Stechen, eine Verkrampfung, ein Gefühl von Enge, von Übelkeit, Brechreiz und so weiter. Die Palette der Möglichkeiten ist riesig.

Alle emotionalen Schichten durchschreiten

Nehmen Sie als Antwort ein neues negatives Gefühl oder eine veränderte negative Empfindung wahr, stellen Sie die Frage erneut. Achten Sie darauf, dass jedes negative Gefühl einzeln befragt wird:

»Was hat das mit mir zu tun, um was geht es eigentlich wirklich?«

Bitte gehen Sie nicht mit festgefügten Erwartungen auf diese emotionale Reise. Gehen Sie beispielsweise nicht davon aus, dass Sie als Migräne-Kranker sowieso alle schlechten Gefühle im Kopf finden. Es kann ganz anders sein. Von den Füßen bis zum Scheitel ist alles möglich. Lassen Sie den Gefühlen und Körperempfindungen ihren Lauf. Bevormunden Sie Ihre Gefühle nicht, sondern beobachten Sie nur.

Solange eine negative Emotion oder ein negatives Körpergefühl auftaucht oder das negative Gefühl sich verändert, wiederholen Sie die Frage. Das kann mitunter eine ganze Weile dauern. Werden Sie nicht ungeduldig. Nur Geduld und akribisches Abtragen aller Schichten, die sich auf Ihrem Potenzial abgelagert haben, führen zum Erfolg. Sie wiederholen so lange, bis sich kein neues negatives Gefühl oder kein neues negatives körperliches Empfinden mehr einstellt oder der emotionale Zustand neutral wird.

Dabei ist es nicht notwendig, dass Sie Ihre Wahrnehmungen konkret benennen können. Sie müssen also nicht formulieren, dass die Angst, die Sie spüren, die Angst vor dem Versagen ist, oder der stechende Schmerz, den Sie wahrnehmen, links neben der Bauchspeicheldrüse liegt. Im Zweifel wissen Sie sowieso viel zu wenig über Ihren Körper, um alle Organe, Drüsen, Muskeln und Gelenke korrekt bezeichnen zu können. Wir brauchen aber glücklicherweise kein Medizinstudium, um mit der Mentalen Resonanz Methode zu arbeiten. Es reicht vollkommen aus, zu beobachten, wahrzunehmen und die Fragen präzise – also wörtlich – zu stellen und auf die Antwort zu lauschen, die sich als Gefühl in unserem Körper zeigt.

Machen wir uns jetzt noch einmal bewusst, dass wir uns in diesem gesamten Prozess auf seelischer Ebene befinden. Es gibt also keine Antwort, wie wir sie auf Verstandesebene kennen. Die Antwort ist jeweils das Entstehen eines neuen Gefühls. Entwickelt sich kein neues negatives Gefühl mehr, also keines, das Sie in diesem konkreten Prozess noch nicht kennengelernt haben, sind Sie am Ende der Skala angekommen. Das ist der Anlass, um zum dritten Punkt der Mentalen Resonanz Methode überzugehen.

Schritt 3 der Mentalen Resonanz Methode: **»Was will ich selbst wirklich?«**

Wenn durch die Fragen in Schritt 2 kein weiteres negatives Gefühl mehr auftaucht, bedeutet das also, dass wir ganz unten angekommen sind. Das heißt, wir haben den gesamten emotionalen Erfahrungsprozess durchlaufen. Wir stehen gewissermaßen an der Schwelle zu unserem Potenzial. Nun müssen wir nur noch über die Schwelle treten.

Um Muster zu verändern, braucht es zwei Komponenten: einerseits die Löschung des Musters und andererseits die Veränderung des inneren Schwingungsfeldes durch die Identifikation mit dem positiven Gefühl. Das Defizit wird in das Potenzial transformiert. Ein Beispiel: Wir machen uns Sorgen und haben dadurch etliche Verhaltensmuster entwickelt. Wer aber Vertrauen ins Leben hat, macht sich nicht gleichzeitig Sorgen. Im dritten Schritt wird also auf der einen Seite das Sorgenmachenmuster »gelöscht« und auf der anderen Seite der emotionale Zustand »Vertrauen ins Leben« verankert.

Das Muster löschen, das Potenzial erfahren

Treffen Sie nun eine neue Absicht, nämlich die Absicht, zu erfahren, welches Potenzial hinter den Ängsten und Verletzungen liegt, die Sie gerade mutig durchschritten haben. Halten Sie sich vor Augen: Es handelt sich um einen emotionalen Zustand, von dem Sie womöglich noch nichts wissen, weil Sie ihn noch nie oder zumindest sehr lange nicht mehr erlebt haben. Vielleicht kennen Sie die positiven Zustände noch nicht, weil es kein entsprechendes Referenzerlebnis gibt. Mit dem dritten Schritt verschaffen Sie sich dieses Referenzerlebnis.

Eine meiner Klientinnen, die mit sich selbst stets haderte, entdeckte auf diese Weise, wie sich »innerer Friede« anfühlt, eine andere, wie »Freiheit« empfunden wird. Wer diese emotionalen Zustände kennt, kann sich nicht vorstellen, dass es Menschen gibt, die noch nie im Leben in den Genuss dieser wunderbaren Gefühle gekommen sind.

Können Sie ermessen, wie es ist, wenn jemand aus einem Schuldgefühl kommt und dann emotionale Unabhängigkeit spürt oder plötzlich erfährt, wie es sich anfühlt, Vertrauen ins Leben zu haben? Haben Sie eine Vorstellung davon, wie es ist, wenn ein Mensch glaubt, überflüssig zu sein, und plötzlich die Liebe zu sich selbst entdeckt? Können

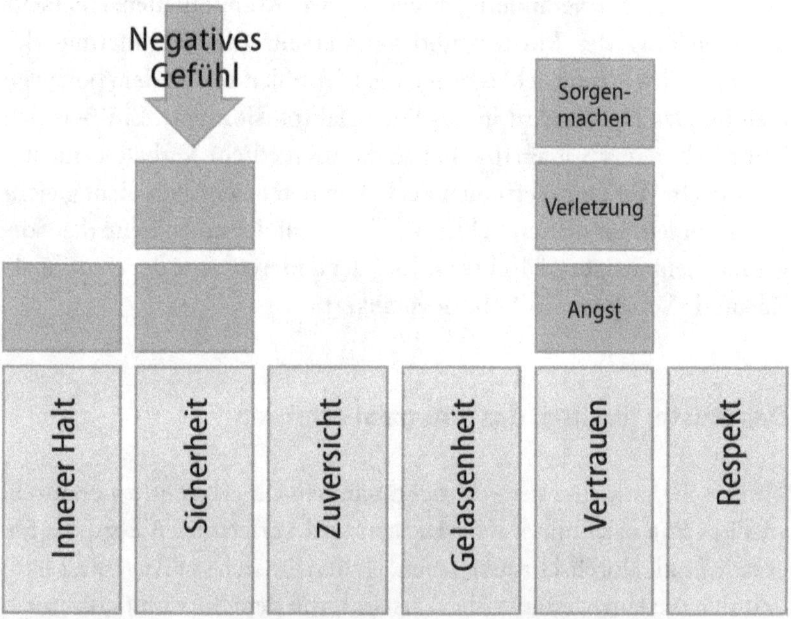

Solange die negativen Verhaltensmuster und Ängste, die Sie anhand der negativen Gefühle aufspüren können, noch aktiv sind, ist das darunter liegende Potenzial noch nicht verfügbar.

Sie sich in jemanden einfühlen, der sich selbst nicht schätzt und plötzlich das Gefühl von Selbstachtung erfährt?

Unsere Absicht, an das eigene Potenzial zu kommen, wird auch wieder als Frage ans Unterbewusstsein formuliert:

> **»Was will ich selbst in dieser Situation haben oder sein? Was will ich selbst wirklich?«**

Und wieder beobachten Sie das Gefühl und Ihre Seele antwortet Ihnen mit dem darunter liegenden emotionalen Potenzial oder einem inneren Wert. Das kann sein: angenommen werden, wertgeschätzt sein, respektiert sein, geliebt werden, stark und kraftvoll sein, geborgen sein, sicher

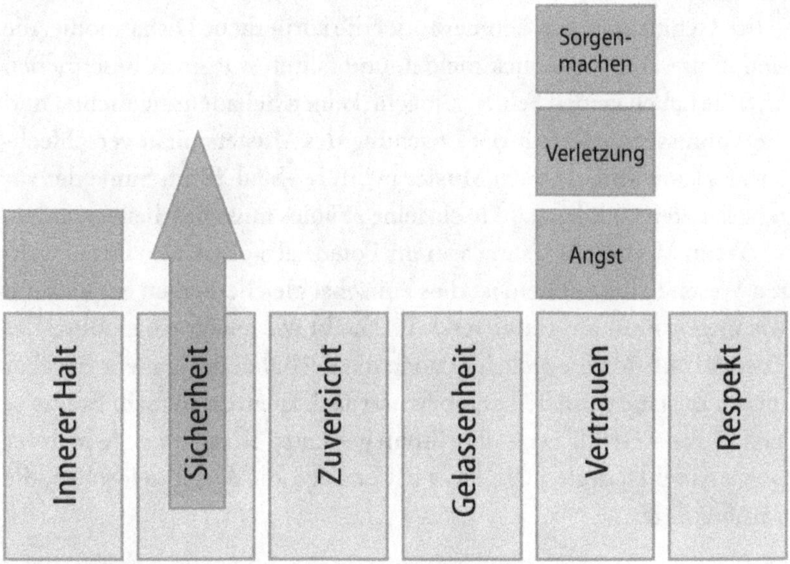

Sobald alle Schichten durchschritten sind und das Potenzial freiliegt, werden der dazugehörige emotionale Zustand und der innere Wert spürbar. Das Muster ist gelöscht, das Potenzial steht Ihnen zur Verfügung.

sein, unabhängig sein (im materiellen Sinn), unabhängig sein (im emotionalen Sinn), Vertrauen haben, frei sein, Abgrenzung zu anderen, mutig sein und vieles andere mehr. Auch positive Emotionen wie »sich wie neu geboren fühlen« oder »willkommen sein« erblicken im dritten Schritt der Mentalen Resonanz Methode das Licht der Welt.

Wenn sich Ihr Potenzial zeigt, sorgen Sie dafür, dass es sich in Ihrem Körper und in Ihrer Seele ausbreitet, bis Sie ganz davon erfüllt sind.

Mehrere Durchgänge sind möglich

Sollten Sie feststellen, dass Schritt 3, nämlich die Löschung des Musters, noch nicht funktioniert, wenn also der alte emotionale Zustand noch vorherrscht, dann ist das kein Beinbruch. Sie fangen einfach wieder da an, wo Sie zuvor aufgehört haben. Sie gehen zurück auf das negative Gefühl oder den Schmerz oder die körperliche Disharmonie, die sich in diesem Augenblick meldet, und fahren wie zuvor beschrieben fort. Sie haben keinen Fehler gemacht, keinen Schaden angerichtet und die Voraussetzungen für die Löschung des Musters nicht verschlechtert. Es kann sein, dass ein Muster mehrere »Säulen« im Sinne der vorangestellten Grafik hat. Jede einzelne »Säule« muss bearbeitet werden.

Wenn Menschen erstmals an ihr Potenzial stoßen, also ihrem wahren Wesen nahekommen, ist dies zunächst gleichermaßen beglückend wie ungewohnt und verwirrend. Es taucht wie gesagt ein emotionaler Zustand auf, den Sie vielleicht noch nie erlebt haben. Je mehr Sie aber diesen Zustand genießen und bewusst auskosten, desto mehr breitet er sich in Ihrer Gefühlswelt und Ihrem gesamten Körper aus. Je mehr er sich ausbreitet, desto mehr ist er in der Lage, die Angst zu löschen, die darüber liegt.

Verbleiben Sie mindestens eine Minute in diesem Zustand, schwelgen Sie richtig in diesem neuen Gefühl. Genießen Sie es!

Schritt 4 der Mentalen Resonanz Methode:

»Ja, das bin ich!!!«

Der vierte Schritt der Mentalen Resonanz Methode besteht darin, dass Sie sich für dieses positive Gefühl entscheiden. Identifizieren Sie sich damit. Sagen Sie »Ja!« dazu.

Das Annehmen des positiven Gefühls löscht gleichzeitig das negative und zwar in dieser Verknüpfung für immer!

Wenn beispielsweise zuvor der Gedanke an Ihren Chef ein negatives Muster bei Ihnen auslöste, so ist diese Verknüpfung nun gelöscht. Handelte es sich dabei aber um eine Facette eines größeren Musters, wie zum Beispiel die Angst zu versagen oder eine generelle Existenzangst (was nur zwei von zahlreichen Möglichkeiten sind), dann müssen weitere Verknüpfungen dieses Musters gelöst werden. In diesem Fall können Sie sich das Muster wie eine Spinne mit vielen Beinen vorstellen. Jedes einzelne Beinchen muss gelöst werden, damit die Spinne schließlich aus ihrem Netz fällt. Aber keine Sorge, ich habe noch kein Muster kennengelernt, das die Struktur eines Tausendfüßlers aufweist!

Häufig lässt sich ein Muster aber tatsächlich schon in einem »Arbeitsgang« lösen.

Ein besonders eindrucksvolles Beispiel, das nicht nur mir, sondern vermutlich allen damaligen Seminarteilnehmern in Erinnerung geblieben ist, ist der Fall einer Frau um die 50, die seit geraumer Zeit über Nervenschmerzen im Gesicht klagte. Im Seminar verschlimmerten sich die Beschwerden, also war naheliegend, dass sich hinter dem Schmerz eine

Botschaft der Seele verbarg. Ich bat sie, mit ihrer Aufmerksamkeit in den Schmerz zu gehen, und führte sie mit den entsprechenden Schritten der Mentalen Resonanz Methode. Über das negative Gefühl, unerwünscht und ungeliebt zu sein, stießen wir an ihr Potenzial und das hieß: »Herzlich willkommen im Leben!«

Dieses umfassende Gefühl ergoss sich wie ein warmer, weicher Strom durch ihren ganzen Körper und führte sofort zu Tränen, aber nicht zu Tränen der Verzweiflung oder der Trauer, sondern zu Tränen der Befreiung. Die Schmerzen im Gesicht waren verschwunden und sind bis heute – ein Jahr später – nicht wieder aufgetaucht.

Die Frau erzählte mir, dass die Ehe ihrer Mutter mit einem alkoholkranken Vater zum Zeitpunkt ihrer Zeugung schon zerrüttet war. Als Schwangere fühlte die Mutter sich nun gezwungen, bei dem ungeliebten Mann auszuharren. Dabei übertrug sie ihren emotionalen Zustand »Das Kind stört und steht meinen Plänen im Weg« auf das Baby im Mutterleib. Später warf die Mutter, die sich vom Leben ungerecht behandelt fühlte und nicht besser zu handeln wusste, dem Mädchen in einem Anfall von Wut und Ohnmacht vor: »Wenn ich dich nicht gehabt hätte, wäre ich ja längst ausgezogen und hätte meine Zukunft auf andere Beine gestellt.« Es dauerte 50 Jahre, bis die Frau diesen Fehlstart ins Leben aus ihrem emotionalen Gedächtnis löschen und sich willkommen und angenommen fühlen konnte.

Schritt 5 der Mentalen Resonanz Methode:

Die neue Realität

Den fünften Schritt der Mentalen Resonanz Methode brauchen wir, um zu sehen, ob es von Ihrer Seite Handlungsbedarf gibt, also die Notwendigkeit, etwas in Ihrem Leben zu verändern.

Veränderung jetzt, nicht erst in der Zukunft

Fragen Sie sich – wieder in der Absicht, etwas wissen zu wollen: »Was kann oder muss ich dazu tun, damit das (gemeint ist der neue emotionale Zustand) Realität ist?«

Bitte fragen Sie nicht: »… damit das Realität wird?« Sie wollen, dass die neue Realität hier und jetzt beginnt, nicht in der Zukunft, die das Wort »wird« beschreibt. Die Zukunft kann noch Jahre dauern und ist aus heutiger Sicht ohnehin nur eine Fiktion. Das Leben spielt hier und heute. Wollen Sie etwa wirklich auf die Zukunft warten? Haben Sie nicht schon lange genug gewartet? Heute ist der erste Tag vom Rest Ihres Lebens. Jetzt und hier verlassen Sie das Hamsterrad alter Muster und Störprogramme und leben Ihr Potenzial.

Stellen Sie bitte die Frage:

»Was kann oder muss ich dazu tun, damit das Realität ist?«

Wieder kommt die Antwort aus dem Unterbewusstsein und nicht aus dem Verstand. Also lassen Sie ihn gar nicht erst danach suchen, sondern beobachten Sie das positive Gefühl und warten Sie, ob ein Einfall oder eine Idee kommt.

In 90 Prozent aller Fälle lautet die Antwort »nichts«. Ihr Potenzial ist erschlossen und will gelebt werden. Manchmal, beispielsweise wenn Menschen über die Mentale Resonanz Methode den Sinn ihres Lebens oder ihre Bestimmung finden, können Eingebungen wie »eine Sprache lernen« oder »ein klärendes Gespräch mit meiner Familie führen« kommen. Gelegentlich erhalten Menschen bei der Frage, was zu tun ist, auch die Antwort »Vergeben« oder »Vergib mir!«, mit der sie den Prozess der Neuausrichtung vollständig abschließen können.

Eine Klientin berichtete, als sie ein Muster gelöst hatte, sei sie an das Potenzial »Gewissheit« im Sinne von »Sicherheit« gekommen. Auf die Frage »Was kann oder muss ich dazu tun, damit das Realität ist?« habe ihr Unterbewusstsein geantwortet: »Liebe!«

Verschwenden Sie keine Zeit mit der Suche nach den Ursachen

Es macht übrigens wenig Sinn, den Verstand wieder ins Spiel zu bringen und zwanghaft in der eigenen Biographie nach den Ursachen für Ängste und Blockaden zu suchen, statt sie sofort mit der Mentalen Resonanz Methode zu bearbeiten. Das führt meistens zu gar nichts, außer dazu, dass der Suchende womöglich ein notorischer Grübler wird, der sich über kurz oder lang immer wieder im Kreis dreht.

Meine Urgroßmutter Frederike Bihlmaier verstarb im gesegneten Alter von 85 Jahren. Für eine Frau, die beide Weltkriege erlebt und erlitten hatte, ein wahrhaft hohes Alter, insbesondere, weil sie es ohne größere Krankheiten erreicht hat. Ihr einziges Leiden war ein Waschzwang, der sich – so weiß ich heute – zwar erst im Alter gezeigt hat, dessen Grundlagen aber viel früher gelegt worden waren. Meine Urgroßmutter wurde nämlich im Ersten Weltkrieg als Leichenwäscherin verpflichtet. Nun werden Sie sagen: »Kein Wunder, dass sie später einen Waschzwang entwickelte.« So weit, so gut. Was aber erwidern Sie, wenn ich Ihnen erzähle, dass eine Urenkelin meiner Urgroßmutter, die sich bedauerlicherweise mit der Mentalen Resonanz Methode noch nicht anfreunden konnte, diesen Waschzwang heute lebt, ihn sogar verstärkt und eine Neurodermitis bekommen hat? Es gibt Muster, die von Generation zu Generation oder auch generationenüberspringend übertragen werden und deren Entstehung möglicherweise selbst bei intensivstem Nachdenken nicht erklärt werden kann.

Deshalb bin ich dazu übergegangen, alle Kraft und die gesamte Zeit während eines Mentalen Resonanz Trainings auf die Löschung der Muster zu konzentrieren und nicht auf die Suche nach dem Zeitpunkt ihrer Entstehung. Meine (vielleicht etwas provokative) Frage an meine Klienten lautet deshalb oft: »Wollen Sie herausfinden, woher Ihr Problem stammt, oder wollen Sie es lösen?«

Ich erlebe so oft, dass meine Seminarteilnehmer schon viele Jahre damit verbracht haben, den Ursprung ihrer Probleme zu erforschen. Sie haben viel Geld und Zeit investiert, Therapien in Anspruch genommen, Bücher verschlungen, Selbsthilfegruppen besucht. Sie können mir stundenlang erzählen, woher ihre Sorgen stammen, warum sie von Selbstzweifel oder Depressionen geplagt sind, warum sie immer wieder an den falschen Mann oder die falsche Frau geraten, warum sie ein Mobbingopfer sind und so weiter und so fort. »Und was nützt es Ihnen, dass Sie das jetzt wissen?«, frage ich und die Antwort ist stets dieselbe: »Nichts!«

Unlängst hatte sich eine Klientin überaus gründlich auf das Mentale Resonanz Training vorbereitet, was ich grundsätzlich sehr begrüße. Die Dame, von Beruf Lehrerin, hatte ihre Vita unter dem Aspekt negativer Erfahrungen und Prägungen auf 30 Seiten ausgearbeitet und war überrascht, dass ich diese kaum eines Blickes würdigte, sondern lediglich die Frage stellte: »Was ist die ungewünschte Situation, die Sie verändern möchten? Was erwarten Sie von unserer heutigen Arbeit?« Denn darum geht es. Was will ich, so wie es jetzt ist, nicht mehr haben, fühlen oder erleben? Und was will ich stattdessen?

Wenn sich im Laufe der Arbeit die familiären Hintergründe und Ursachen für Ängste oder Blockaden zeigen, ist das hilfreich, vor allem für Menschen, die sehr verstandesorientiert sind, aber notwendig für den Erfolg der Arbeit mit der Mentalen Resonanz Methode ist es nicht.

Ihre Erfolgskontrolle

Wenn Sie überprüfen möchten, ob Sie Ihr Muster wirklich gelöscht haben, dann stellen Sie sich exakt die Situation wieder vor, die das Muster aktiviert hat. Nehmen Sie dasselbe Bild, dieselbe Person, halten Sie sich dieselbe Situation vor Augen wie zuvor. Wenn Ihre Gefühle jetzt nicht mehr Purzelbaum schlagen, sondern neutral sind, wenn Sie eine Form von Gleichmut verspüren, ist das Muster gelöscht. Verspüren Sie noch einen – schwächeren – Widerstand, dann haben Sie etwas übersehen und tun genau das, was Sie sonst auch tun würden, wenn Sie nach erledigter Arbeit feststellen, dass Sie etwas vergessen haben: Sie holen es nach und bringen Ihre Aufgabe im zweiten Anlauf zum Abschluss.

Mit anderen Worten, Sie gehen abermals mit Ihrer Aufmerksamkeit auf das negative Gefühl und wiederholen den Vorgang so lange, bis Sie mit sich und dem Ergebnis zufrieden sind.

Die fünf Schritte der Mentalen Resonanz Methode im Überblick

Schritt 1:

Spüren Sie, wo im Körper das negative Gefühl sitzt und gehen Sie mit der Aufmerksamkeit ins Gefühl. Dadurch begeben Sie sich in den Alpha-Zustand.

Schritt 2:

Fragen Sie sich in Gedanken:

»Was hat das mit mir zu tun? Um was geht es eigentlich wirklich?«

Die Antwort ist ein Gefühl. Lassen Sie das Gefühl aus Ihrem Inneren aufsteigen, ohne mit dem Verstand einzugreifen.

Wiederholen Sie diesen Schritt, solange auf die Frage noch ein weiteres negatives Gefühl auftaucht oder sich etwas verändert. Das kann eine ganze Zeit lang dauern.

→ Beobachten der negativen Zustände

Schritt 3:

Fragen Sie sich nun in Gedanken:

»Was will ich selbst in dieser Situation haben oder sein – was will ich selbst wirklich?«

Achten Sie bitte darauf, die Fragen präzise zu formulieren und weder Wörter auszulassen noch hinzuzufügen. Wiederholen Sie die Frage ggfs. mehrmals, bis sich ein positives Gefühl oder ein positiver Zustand einstellt. Lassen Sie das Gefühl von selbst aufsteigen, Ihr Verstand bleibt lediglich Beobachter.

→ Beobachten der positiven Zustände

Schritt 4:

Jetzt ist es wichtig, dass Sie sich mit der Antwort identifizieren, Ja!!! sagen und Ihre Entscheidung treffen: Ja, das bin ich! Ja, das mache ich! Ja, das ist meins!

Beispielsweise: »Ja, ich fühle mich respektiert!«

→ Identifikation mit einem Zustand, einer Sache oder das Treffen einer Entscheidung

Schritt 5:

Abschließend fragen Sie sich, was Sie dazu beitragen können, damit die Antwort, die Sie bekommen haben, sich in Ihrem Leben verwirklicht:

»Was kann oder muss ich dazu tun, damit das [das neue Gefühl] Realität ist?«

Beispielsweise: »Von nun an respektiere ich mich selbst und die Menschen, mit denen ich zu tun habe, und gehe respektvoll mit ihnen um.«

Geben Sie sich Zeit

Es kann sein, dass es Ihnen nicht auf Anhieb gelingt, Ihre Muster zu löschen. Gerne vergleiche ich die Methode mit einer Fremdsprache. Wenn Sie sich heute dazu entscheiden, Russisch zu lernen, dann können Sie sich nächste Woche auch noch nicht fließend in dieser neuen Sprache unterhalten. Die meisten von uns haben nie gelernt, mit ihren Gefühlen zu kommunizieren. Vielmehr haben wir gelernt, wie wir diese wegdrücken können. Ich kann Sie nur ermutigen, nicht aufzugeben, sondern dranzubleiben und weiter Ihre Aufmerksamkeit zu schulen.

Wenn dies nun eine Möglichkeit ist, um Ihr persönliches Glück zu finden und endlich das Leben so leben zu können, wie Sie es sich vorstellen, dann geben Sie sich ein klein wenig Zeit, um diese Technik zu lernen.

Die häufigsten Fehler

Bitte nehmen Sie mich beim Wort

Die Formulierungen der Fragen haben sich im Laufe der Zeit entwickelt. Unser Unterbewusstsein nimmt diese Formulierungen zu 100 Prozent auf. Hinter der Frage, etwas wissen zu wollen, steckt eine ganz präzise Absicht. Diese Absicht vermittelt sich über die oben genannten Fragen nur dann, wenn Sie sie wörtlich nehmen.

Wenn Menschen mit der Mentalen Resonanz Methode scheitern, liegt es oft an der unpräzisen Formulierung. Entsprechend antwortet dann das Unterbewusstsein ebenfalls unpräzise.

Deshalb lautet meine Empfehlung: Schreiben Sie die fünf Schritte der Mentalen Resonanz Methode auf oder kopieren Sie die Seite aus dem Buch, die die fünf Schritte im Überblick zeigt. Gelingt Ihnen der präzise Ablauf nicht auf Anhieb, üben Sie so lange, bis es klappt. Denn nur, wenn Ihnen die Schritte geläufig und jederzeit abrufbar sind, können Sie erfolgreich mit der Mentaltechnik arbeiten.

Es spielt keine Rolle, welchen Namen Ihre Gefühle tragen

Mein allerserstes Muster, das ich mit der Mentalen Resonanz Methode gelöst habe, war »finanzieller Mangel«. Die Angst, kein Geld zu haben und die zum Leben notwendigen Dinge nicht bezahlen zu können, war der Anlass für mich, mit der Aufmerksamkeit auf das Gefühl zu gehen. Mir wurde rasch bewusst, wie es zu dieser Emotion in meinem Leben gekommen ist. Mir wurden auch die einzelnen Facetten dieser Angst deutlich. Beim dritten Schritt und der Frage »Was will ich selbst in dieser Situation haben oder sein, was will ich selbst wirklich?«, durchdrang mich das Gefühl, wie es ist, wenn man seine Rechnungen bezahlen kann. Wie es ist, wenn man einfach das kaufen kann, was man braucht. Ich glaube, ich habe dieses Gefühl eine kleine Ewigkeit lang ausgekostet und gesagt: »Ja, genau das entspricht meinem Wesen.«

Ich habe mich mit dieser Emotion identifiziert, aber erst später wurde mir klar, dass dieser emotionale Zustand »Versorgt sein« heißt. Es ist nicht wichtig, dass Sie das positive Gefühl benennen können. Wenn es gelingt, freut sich Ihr Verstand, weil er sich endlich wieder eingebunden fühlt, aber für den Erfolg der Mentalen Resonanz Methode ist das Benennen des neuen emotionalen Zustandes irrelevant, denn Ihre Gefühle sprechen weder Deutsch noch Englisch noch Französisch. Sie haben eine eigene Sprache. Und diese Sprache versteht Ihr Inneres immer.

»Mein Verstand lässt mir keine Ruhe«

Menschen, die es gewohnt sind, von früh bis spät mit dem Kopf zu arbeiten, tun sich anfangs oft schwer, dem Verstand eine Verschnaufpause zu verordnen. Den Verstand zur Ruhe zu bringen und damit zu beschäftigen, die Gefühle zu beobachten, ohne sie zu interpretieren und zu bewerten, ist reine Übungssache. Die beste Übung ist die Meditation. Es gibt zahlreiche CDs mit geführten Meditationen, die Ihnen helfen können, Ihre Aufmerksamkeit nach innen zu richten und den Verstand in den Ruhemodus zu bringen.

Das Muster muss aktiv sein

Sie können ein Muster nur lösen, wenn es gerade aktiv ist, das heißt, wenn Sie das entsprechende Gefühl im Körper spüren. Muster lassen sich daher entweder in einer ganz aktuellen negativ empfundenen Situation lösen oder dann, wenn Sie den zugehörigen emotionalen Zustand willentlich hervorrufen können: Stellen Sie sich eine Problemperson oder eine Problemsituation vor und suchen Sie die damit assoziierten negativen Gefühle im Körper. Wenn kein Gefühl entsteht, ist die Auflösung in diesem Moment nicht möglich.

»Der positive Zustand, den ich herbeiführen wollte, ist nicht eingetreten«

Manchmal wird versucht, mit der Mentalen Resonanz Methode ein ganz bestimmtes Potenzial zu wecken. Das wird nicht funktionieren. Welches Potenzial sich hinter einer Angst oder einem Muster verbirgt, lässt sich nicht vorhersagen. Wer etwa am eigenen Selbstvertrauen arbeiten möchte, indem er sich vornimmt, sein Muster von Schüchternheit zu lösen, wird scheitern. Welches Potenzial von der Schüchternheit zugedeckt war, werden Sie erst bei der Auflösung entdecken. Die Musterlösung wirkt nur, wenn Sie beim Muster ansetzen, nicht beim Potenzial.

»Bei mir werden ständig neue Muster sichtbar, wenn ich versuche, eines zu lösen«

Dieser sogenannte Domino-Effekt ist ganz typisch und kein Anzeichen dafür, dass die Methode nicht funktioniert, im Gegenteil. Häufig sind eine ganze Reihe von Mustern miteinander verknüpft. Die Lösung eines Musters aktiviert ein anderes. Lösen Sie dann einfach auch das nächste mit den fünf Schritten.

Konzentrieren Sie sich ausschließlich auf sich

Ich freue mich, wenn Klienten so begeistert von der Mentalen Resonanz Methode sind, dass sie darauf brennen, die Technik ihren Freunden und Verwandten zu vermitteln. Die gute Nachricht ist: Sie können keinen Schaden anrichten, denn die Mentale Resonanz Methode kennt keine Risiken und Nebenwirkungen. Die weniger gute Nachricht ist: Die Methode zu erlernen und für sich selbst erfolgreich anzuwenden, ist mit etwas Beharrlichkeit wirklich nicht schwer. Um sie jedoch bei anderen Menschen einzusetzen, bedarf es zusätzlicher Lernschritte, die den Rahmen dieses Buches sprengen würden. Deshalb: Finger weg von Dritten, solange Sie keine Trainerausbildung absolviert haben. So ersparen Sie sich und anderen eine vermeidbare Enttäuschung.

Weitere erschwerende Umstände

Bitte überkreuzen Sie während der Lösung von Mustern nicht die Gliedmaßen, sonst kann die Energie, die in den Meridianbahnen des Körpers fließt und die Gefühle transportiert, blockiert werden.

Koffein führt zu körperlicher Verspannung, Nikotin, Alkohol und Insulin führen zur Betäubung von Gefühlen. Deshalb ist unmittelbar nach dem Rauchen, Kaffeetrinken, Alkoholgenuss oder auch nach einer schweren Mahlzeit das Musterlösen nicht möglich. Nach starkem bis übermäßigem Genuss von Kaffee sollten Sie zwei bis drei Stunden warten, bis Sie ein Muster lösen, nach starkem Alkoholgenuss 24 Stunden. Nikotin baut sich nach zwei bis drei Stunden so weit ab, dass der Musterlösung nichts mehr im Wege steht.

Muskelkater & Co.

Manche Ängste wurden über viele Jahre festgehalten. Der Körper war verkrampft. Mit der Lösung der Muster kann es zu einer körperlichen Entspannung kommen, die einem Muskelkater gleicht. Der Abtransport von Giften und Schlacken kann ferner zu Kopfschmerzen führen. Trinken Sie sehr viel Mineralwasser ohne Kohlensäure, um die Entgiftung zu beschleunigen.

Glücklich und frei

mit der Mentalen Resonanz Methode

Die möglichen Anwendungsgebiete für die Mentale Resonanz Methode sind überaus vielfältig. In meinen Seminaren, Einzelcoachings und Ausbildungen erlebe ich positive Veränderungen, die tiefgreifender sind, als sich die Betreffenden je haben vorstellen können. Viele Menschen schreiben mir bewegende Briefe und Mails über die Erfahrungen, die sie mit der Mentaltechnik machen.

Ich möchte im Folgenden einige der Themenbereiche genauer beleuchten, in denen sich die meisten Menschen Transformation, Wachstum oder Heilung wünschen, um Sie bei der Auflösung hinderlicher Verhaltensmuster zu unterstützen. Sie werden dabei anhand vieler Fallbeispiele und mittels meiner eigenen Erfahrungen die Abfolge der fünf Schritte, den Umgang mit möglichen Stolpersteinen und sinnvolle Variationsmöglichkeiten genauer kennenlernen.

Geld ist ein Spiegel der Wertschätzung

Geld ist ein hochinteressantes Thema, weil uns unser Verhältnis zum Geld sehr viele unserer emotionalen Zustände vor Augen führt: Hinter dem Thema »Geld« verbergen sich nämlich zahlreiche Facetten unserer Persönlichkeit. Geld ist – im wahrsten Sinne des Wortes – der materielle Ausdruck von mangelndem Selbst*wert* oder, im anderen Falle, von hoher *Wert*schätzung und Selbst*wert*gefühl. Es zeigt uns, ob wir ein Gefühl von Mangel oder aber von Versorgtsein erfahren, ob wir geprägt sind von emotionaler Abhängigkeit oder von Freiheit, von Ohnmacht oder von Selbstbestimmung, Neid oder Fülle, Existenzangst oder Vertrauen ins Leben, von Gier oder Sicherheit.

Macht Ihnen das Thema Geld Angst, oder flößt Ihnen der Gedanke an Geld Freude und Glück ein? Mit welchem Lebensgefühl – bezogen auf Ihre materielle Situation – identifizieren Sie sich in Ihrem tiefsten Inneren?

Die meisten Menschen sind finanziell abhängig, möchten aber unabhängig sein.

Finanziell unabhängig zu sein ist ein emotionaler Zustand. Es hat nichts mit der Höhe des Kontostandes zu tun.

Dieser Behauptung werden Sie jetzt vermutlich vehement widersprechen. Aber bedenken Sie bitte:

Wir wissen, dass wir nach dem Gesetz der Resonanz mit unserer inneren Haltung und Einstellung die Realität erschaffen beziehungsweise die Situationen anziehen, in denen wir uns in unserer Auffassung bestätigt fühlen. Was ziehen wir also an, wenn wir eine destruktive Haltung zum Geld einnehmen? Genau! Situationen, die uns das Problem vor Augen halten. Deshalb müssen wir herausfinden, was sich hinter einem finanziellen Problem tatsächlich verbirgt.

Mangelmuster auflösen

Das allererste Muster, das ich nach all den Jahren der Arbeit an mir selbst lösen konnte, war ein Mangelmuster. Was ist ein Mangelmuster? Es ist das Gefühl oder die Überzeugung, dass es von dem, was ich brauche, zu wenig gibt.

Ich weiß nicht mehr genau, ob es der Postbote mit einer Zustellungsurkunde eines Gläubigers war oder der Gerichtsvollzieher: Jedenfalls wollte wieder einmal jemand Geld von mir. Ich hatte aber keines. Eine schreckliche Situation, in der ich am liebsten im Boden versunken wäre. Ich schämte mich. Ich fühlte mich minderwertig und klein und so sah ich vermutlich auch aus: hängende Schultern, der Kopf gebeugt, der Körper in sich zusammengesackt.

Nachdem ich den »Geldeintreiber« endlich wieder fortgeschickt hatte, stand ich hinter meinem alten Sessel, klammerte mich an die Lehne, verzweifelt, mit den Nerven völlig am Ende. In meiner Ausweglosigkeit kam mir meine neue Technik in den Sinn. Ich suchte das negative Gefühl im Körper und fragte in mich hinein: »Was hat das mit mir zu tun? Um was geht es eigentlich wirklich?« Während ich mich beobachtete, kristallisierte sich das zuvor oberflächlich als »Mangel« empfundene Gefühl in aller Deutlichkeit als Zustand der absoluten Erniedrigung und des Wertlosseins heraus, als Gefühl von »nicht wichtig sein«, eingebettet in Minderwertigkeit. Ich fühlte mich kraftlos und ohne jeden Lebenswillen.

In diesem Moment rasten Bilder und Szenen aus meiner Kindheit an meinem geistigen Auge vorbei. Ich sah mich mit drei oder vier Jahren an der Kasse im Tante-Emma-Laden, der eigentlich ein »Onkel-Werner-Laden« war. Dort gab es ein Regal mit Spielzeugautos. Während meine Mutter ihren Einkauf bezahlte, entwickelte ich besondere Begeisterung für eines der Autos. Ich zog es aus dem Regal und hielt es meiner Mutter unter die Nase: »Darf ich das haben?« Sie sagte ohne auch nur eine Zehntelsekunde zu überlegen: »Nein! Dafür haben wir kein Geld.« Ich entgegnete, dass ich zu Hause 80 Pfennige hätte und sie das Geld von mir zurückbekommen würde. »So einen Gruschd (schwäbische Bezeichnung für unsinnigen Gegenstand) kaufen wir nicht«, sagte sie barsch. Damit war das Thema erledigt. Und meine kindliche Begeisterung versank in einem traurigen »Schade«. Nun, Jahrzehnte später, erinnerte ich mich, wie mich damals das Gefühl »Ich bin unwichtig und wertlos« übermannte.

Überrascht von diesem Bild tauchte sofort das nächste auf. Weihnachten, Heiligabend 1969, die ganze Familie hatte sich bei meiner Großmutter versammelt. Jedes Enkelkind bekam einen Umschlag mit 100 DM. Ich konnte mein Glück kaum fassen. Dies war der richtige Augenblick, um große Träume zuzulassen.

Sofort griff ich nach Omas Versandhauskatalogen, studierte die Spielzeugangebote und fand eine elektronische Kinderorgel für 249 Mark. Die wollte ich haben! So beschloss ich, von nun an so lange eisern zu sparen, bis ich mir diese Orgel kaufen konnte. Nach Weihnachten kam Mutter und zog meinen 100-Mark-Schein ein. Entsetzt fragte ich nach dem Grund. Sie erklärte mir, dass das Geld auf dem Sparbuch besser aufgehoben wäre. Weg war es!

Jetzt, Jahrzehnte später, wurde mir angesichts dieser Erinnerung bewusst, welche Verknüpfung, welcher Glaubenssatz sich in mein Unterbewusstsein eingeprägt hat: »Banken kassieren dein ganzes Geld!« Dieser Satz zog sich wie ein roter Faden durch mein Leben. Alle Geldgeschenke, die ich als Kind bekam, verschwanden in der Bank, nämlich auf dem Sparbuch. Schon damals erschien mir der Weltspartag als der blanke Hohn. Ich musste mein Geld abgeben und bekam dafür Buntstifte, Malbücher oder anderes Zeug, das ich gar nicht haben wollte. Ich wollte selbst entscheiden, was ich für mein Geld kaufe, und nicht von einer hochtoupierten Dame mit strenger Brille und Faltenrock, die sich hinter dem Bankschalter verschanzte, zuerst beraubt und dann mit Nippes und Kleinkram ruhiggestellt werden.

Auch als Erwachsener erlebte ich, dass jedes Darlehen, jede Transaktion, jede Geldanlage am Ende immer ein desaströses Verlustgeschäft für mich bedeutete – so lange, bis ich schließlich mein Mangelmuster lösen konnte.

Zurück zu meiner Kinderorgel. Die Geschichte ist nämlich noch nicht zu Ende. Denn nun tauchte bei meiner Musterlösung eine weitere Szene auf: Ich war inzwischen sieben Jahre alt. Mutter und ich gingen ins Dorf. Ich trottete brav und ohne Fragen zu stellen hinter meiner Mama her, die zielstrebig die Sparkasse ansteuerte. Beim Betreten der Schalterhalle stülpte sich ein ungutes Gefühl über mich, eine Vorahnung. Irgendetwas sehr Unangenehmes warf seinen Schatten voraus.

Meine Mutter trat an den Schalter. Damals war der Bankangestellte noch durch dickes Panzerglas vom Kunden getrennt. Da diese Leute ja anderen Menschen das Geld wegnahmen, fand ich ihre Angst vor Rache und Gewalt berechtigt und wunderte mich keine Sekunde über die hohen Sicherheitsvorkehrungen. Mutter öffnete ihre Handtasche, griff hinein und zog mein rotes Sparbuch heraus. Sie schob es unter dem Panzerglas durch. Ich hörte sie sagen: »Ralf möchte 250 Mark von seinem Sparbuch abheben.« Ich traute meinen Ohren nicht. Wow! Mein Gefühl hatte mich offenbar getäuscht. Heute war ein Festtag, denn ich würde meine lang ersehnte Orgel bekommen. Endlich!

Geld und Sparbuch verschwanden in Mutters Handtasche. Sprachlos vor Glück folgte ich meiner Mutter auf die Straße. Kurze Zeit später betraten wir ein Möbelgeschäft. Statt der ersehnten Spielzeugorgel bekam ich einen neuen Kleiderschrank und einen Eindruck davon, wie sich binnen weniger Minuten große Träume in ein trauriges Nichts auflösen können.

Ich lehnte also an meinem Sessel, übte mich in meiner neuen Mentaltechnik, verfolgte die alten Bilder und die Emotionen in meinem Körper und mir wurde bewusst, wie ich mich damals gefühlt habe: enttäuscht, gebrochen, verzweifelt, ohnmächtig, gedemütigt, ohne Lebenswillen. Mir wurde klar, dass mir jedes Mal, wenn der Gerichtsvollzieher vor der Tür stand, genau dieser Zustand gespiegelt wurde. »So will ich nicht leben!«, schoss es mir durch den Kopf.

Ich verweilte mit meiner Aufmerksamkeit auf diesem Gefühl und fragte mich: »Wie um alles in der Welt will ich mich denn stattdessen fühlen? Was will ich selbst in dieser Situation haben oder sein? Was will ich selbst wirklich?«

Ich beobachtete das furchtbare Gefühl und wartete. Ganz langsam, sozusagen im Zeitlupentempo, veränderte es sich und fühlte sich schließlich besser an. Irgendwann schossen mir Tränen in die Augen. Es waren Freudentränen, denn zum ersten Mal in meinem Leben spürte ich, wie es ist, wenn man einfach kaufen kann, was man braucht und was man haben möchte. Ich spürte, wie es sich anfühlt, ganz selbstverständlich seine Rechnungen bezahlen zu können. Es fühlte sich prima an. Um nicht zu sagen, es war gigantisch! »JA!«, triumphierte ich innerlich, »genau das entspricht meinem Wesen, das bin ich!« Ich verstand, dass das Mangelprogramm nicht zu mir gehört, dass es gar nicht meines ist. Mir wurde deutlich, wie durch die Erlebnisse in der Bank und im Möbelhaus der Mangel meiner Mutter auf mich, ihren Sohn, und damit auf die folgende Generation übertragen worden war. Mir wurde bewusst, dass sich die Geschichte wiederholt.

Prägungen durch vorherige Generationen

Bitte verstehen Sie mich nicht falsch: Ich mache meiner Mutter keinen Vorwurf. Sie hat dieses Programm durch schreckliche Erfahrungen in ihrer Kindheit teils entwickelt, teils über Prägung ererbt. Meine Großeltern mütterlicherseits haben im Krieg alles verloren. Sie waren einst reiche Bauern gewesen, weit im Osten, am Schwarzen Meer. Sie beschäftigten auf ihrem großen Gut viele Mägde und Knechte. Finanzielle Sorgen und harte körperliche Arbeit waren ihnen fremd. Auf ihrer Flucht mussten sie alles zurücklassen und kamen – wie Millionen Flüchtlinge und Heimatvertriebene – mit nichts im Westen an und ließen sich völlig mittellos in Baden-Württemberg nieder.

Mein Großvater musste im Alter von 40 Jahren zum ersten Mal in seinem Leben körperlich hart arbeiten. Er war nicht mehr der Chef zahlreicher Bediensteter, er stand nun selbst in Diensten. Geld und Geldmangel bestimmten fortan sein Leben. Meine Mutter lebte dieses Schicksal nach. Sie verlor beinahe wieder alles, als ihr Haus zur Zwangsversteigerung stand, weil sie damit für mich gebürgt hatte. Mir kam es jetzt so vor, als ob ich Teil ihres Musters geworden war und sie mich förmlich benutzte, um ihre Programme zu leben.

Mir wurde klar, dass das Gefühl, die anfallenden Rechnungen bezahlen zu können, »versorgt sein« heißt, und ich entschied mich, zukünftig nur noch den Zustand des Versorgtseins zu leben.

Ich entschied mich ferner, aus dem Muster meiner Mutter auszusteigen. Es war, als hätte ich einen Unglückszug auf offener Strecke zum Halten gebracht. Jetzt verließ ich diesen Zug. Ich wollte keine Minute länger mitfahren. Der Zug, den ich nehmen wollte, rollte in eine andere Richtung. Auf dem Ticket stand ein neues Ziel. Ich reiste ab jetzt selbstbestimmt und unabhängig auf einer Route, die nur ich selbst bestimme und sonst niemand.

Außen wie innen

Diese Musterlösung war die intensivste und wertvollste Erfahrung bei der Entwicklung der Mentalen Resonanz Methode. Meine finanziellen Angelegenheiten veränderten sich nun, nach all den Jahren, auf beinahe wundersame Weise. Ich hatte kein Problem mehr mit Geld. Meine Einstellung zum Thema Geld hatte sich verändert und diese Veränderung ermöglichte die Wende in finanzieller Hinsicht.

Es regnete keine Goldstücke vom Himmel, ich machte keine Erbschaft, ich habe nicht im Lotto gewonnen. Es war auch nicht so, dass ich an meinem Muster nie wieder arbeiten musste. Oh nein, es folgten noch viele, viele, viele Mangelverknüpfungen, fehlender Selbstwert, Angst, nichts zu haben oder alles zu verlieren. Auch heute »darf« ich manchmal noch ein Mangelmüsterchen lösen, beispielsweise, wenn ich etwas gekauft habe, das ich nicht unbedingt benötige, sondern das ausschließlich dem Ziel dient, mir Freude zu bereiten. Dann übermannt mich manchmal heute noch die Kaufreue, ein Gefühl, das sicher dem einen oder anderen Leser bekannt vorkommt. Ich bin also, wie Sie merken, bei meinem großen lebensbestimmenden Thema »Geld« immer noch »gefährdet« und darauf angewiesen, mich meiner eigenen Methode zu bedienen, um ein Muster zu lösen. Aber ich konnte meine finanzielle Situation Stück für Stück verbessern.

Zuerst gelang es mir, mit den Banken einen Vergleich auszuhandeln, der einen Teil des Drucks von meinen Schultern nahm. Ich bin überzeugt, das wäre mir nicht gelungen, wenn ich nicht zuvor mein Verhältnis zum Geld und zu meinen eigenen Fehlern hätte bereinigen können. Heute, sechs Jahre später, habe ich nicht nur meine Schulden abgetragen, sondern ich habe mir zusammen mit meiner jetzigen Frau Jutta eine neue erfolgreiche Existenz als Mentaltrainer aufbauen können. Wir wohnen in einem hübschen Eigenheim und vor unserer Tür parken zwei – bezahlte – Autos. Das elterliche Haus landete nicht unter dem Hammer eines Zwangsvollstreckers, und den Gerichtsvollzieher habe ich später nur noch gesehen, wenn er die Nachbarn gegenüber besuchte.

Untersuchen Sie Ihre eigenen Glaubenssätze

»Ja, ja, das liebe Geld ...« Kennen Sie diesen Satz auch? Das liebe Geld! Meine Mutter sprach ihn immer mit einem leichten Seufzer. Auch wenn Albert Einstein recht hatte, als er sagte: »Die besten Dinge im Leben sind nicht die, die man für Geld bekommt«, so kann man doch ohne Geld in unserer Gesellschaft nicht zurechtkommen. Welche Glaubenssätze tragen Sie in sich?

Kürzlich sagte ein Familienvater in einem Seminar: »Wir leben schon seit 25 Jahren über unsere finanziellen Verhältnisse. Das wird sich auch nicht ändern. Irgendwie hat es ja auch immer geklappt.« Da kann ich nur antworten: »Dem habe ich nichts hinzuzufügen.« Der Mann hat eine glasklare Entscheidung getroffen. Er wird auch künftig ein wenig über seine Verhältnisse leben und irgendwie wird es immer klappen. Dass seine Frau, die nicht das Nervenkostüm für diesen Drahtseilakt hat, unter dem Entschluss des Mannes leidet, steht auf einem anderen Blatt.

Anders hingegen ein Ehepaar, dessen Versicherungsagentur viel zu wenig abwarf, um die laufenden Kosten zu decken, geschweige denn, um vom Erlös zu leben. Sie strampelten sich von früh bis spät ab, fanden kaum Schlaf und strahlten schon von weitem aus, nicht abgesichert und versorgt zu sein. Dass diese Ausstrahlung nicht dazu führen konnte, ausgerechnet in einer Branche zu überzeugen, die dem Kunden Sicherheit und Versorgtsein verspricht, liegt eigentlich auf der Hand. Hinsichtlich ihrer eigenen finanziellen Lage trafen sie keine Absichten, sie waren vielmehr ein Fähnchen im Wind, versuchten dies und jenes und retteten sich in der Hoffnung auf ein Wunder von Tag zu Tag, von Monat zu Monat. Das kann nichts werden. Fleiß ist eines der grundlegenden Kriterien für Erfolg, aber ohne die vollständige Identifikation mit einer anderen als der derzeitigen finanziellen Lage wird sich die Situation nicht verändern.

Leistung wertschätzen

In unserem Wirtschaftssystem werden alle Leistungen zu einem bestimmten Preis angeboten. Der Konsument hätte gerne das teure Auto, einen neuen Anstrich für die Fassade, das schöne Paar Schuhe oder die wohltuende Massage. Seine Wünsche übersteigen aber sein derzeitiges finanzielles Budget und er stellt enttäuscht fest, dass er sich das Auto, die Schuhe oder was es auch sein mag, nicht leisten kann. Tatsächlich ist es aber so, dass er nicht genügend Wertschätzung für die jeweiligen Leistungen aufbringt.

Der enttäuschte Konsument erkennt nicht, dass es an seiner inneren Einstellung, seiner fehlenden Wertschätzung liegt, dass er sich seine Wünsche nicht erfüllen kann. Er sucht »die Schuld« beim Leistungsanbieter. »40 Euro für eine Malerstunde? Das ist doch nicht zu glauben … 129 Euro für die Schuhe! Und in der nächsten Saison sind die bestimmt schon wieder unmodern.« Wenn diese Argumente »echt« wären, wäre die Welt unseres Konsumenten ja im Lot. Dann würde er die Fassade mit großer Freude selbst streichen und aus guten Gründen auf den Schuhkauf verzichten. Die Welt des Konsumenten ist aber nicht im Gleichgewicht. Er grämt und ärgert sich und schimpft auf das Produkt und auf seinen Geldbeutel, anstatt zu erkennen, dass das Problem bei ihm liegt und nur dort gelöst werden kann.

Eine meiner ersten Klientinnen im Mentaltraining war eine Floristin, eine sehr unglückliche Frau, die sich aus ihrer Ehe lösen wollte, aber aufgrund von Schuldgefühlen in ihr gefangen war wie der Fisch im Netz. Hinzu kam, dass sie beruflich nichts zustande gebracht hatte und wirtschaftlich auf den Ehemann angewiesen war. Ihr 400-Euro-Job in der Gärtnerei ihres Vaters war eher ein Gnadenbrot als eine solide Grundlage, auf der sie eine Existenz hätte aufbauen können. Der Job spiegelte ihr, wie sie sich selbst sah: Sie hatte wenig Zutrauen in die eigene Leistung und stets ein überzogenes Konto. Sie begrenzte sich in fast allen Bereichen ihres Lebens, entwickelte nirgends ihre Potenziale und konnte daher an keiner Stelle aus dem Vollen schöpfen. Ihr vorherrschender Zustand hieß »Mangel«.

Als sie zu mir kam, hatte sie fast 20.000 Euro in sinnlosen Seminaren verpulvert, die allesamt auch nicht ansatzweise zur Lösung ihrer Probleme beigetragen hatten. Weil sie finanziell auf dem Trockenen saß, bat sie um Zahlungsaufschub, den ich ihr sofort gewährte, was aber völlig falsch war. Warum? Weil ich in der Arbeit mit dieser Kundin erfahren und erkannt habe, dass wir kein Mangelmuster lösen können, wenn wir uns gleich zu Beginn der Arbeit für Mangel entscheiden. Es brauchte ihre feste Absicht, die Gegenleistung für meine Arbeit zu erbringen, und meine feste Absicht, diese Gegenleistung einzufordern. Nur so entsteht wechselseitige Wertschätzung, und Wertschätzung ist ein wichtiger Erfolgsfaktor. Das ist mir damals klar geworden und heute handle ich konsequent danach.

Zu Beginn unserer Arbeit erzielten wir nur sehr zögerlich Erfolge. Mit dem Tag, an dem die Floristin ihre erste Rate bezahlt hatte, änderte sich das schlagartig. Sie war aufnahmebereit und aufnahmefähig, denn jetzt hatte sie in ihrer eigenen Wahrnehmung einen Anspruch auf Leistung und erfolgreiche Arbeit. Es ist ein Unterschied, ob man ein Almosen erbittet oder einem Menschen auf Augenhöhe entgegentreten kann, weil man willens und in der Lage ist, für dessen Leistung einen Ausgleich zu schaffen.

Almosen und tätiges Mitleid sind Gift für die Entwicklung eines Menschen, denn damit zeigen wir ihm, wie abhängig er von uns ist. Wenn wir einen Menschen in Abhängigkeit halten, berauben wir ihn seiner Würde - auch dann, wenn es noch so gut gemeint ist.

Die Ängste, Blockaden und Verhinderungsmuster meiner Klientin waren zahlreich und saßen tief. Zwischen Tür und Angel konnte ich nicht lösen, was sich über Jahre aufgebaut hatte. Glücklicherweise war die Dame hartnäckig, aber zugleich auch geduldig, eine ideale Voraussetzung dafür, dass eine echte, tief greifende Veränderung möglich wird. Ihre Lage verbesserte sich stetig. Nach einem Jahr hatte sich ihr Leben vollständig verändert.

Als es gelang, ihre Muster zu lösen und ihr Potenzial freizulegen, entwickelte sie eine bis dahin ungeahnte Kreativität und baute sich so eine neue berufliche Existenz auf. Sie konzipiert und organisiert Kurse, in denen sie Hobbyfloristen die Kunst des Blumenbindens und Blumensteckens beibringt. Trockenblumen, Adventskränze, Tischdekoration, Brautsträuße, Sommerblumen, Rosen – zu jedem Thema arrangiert die Floristin wahre Kunstwerke. Sie liebt, was sie tut. Wer ihr in einem ihrer zahlreichen Seminare bei der Arbeit über die Schulter schaut, spürt und sieht das sofort. Ihr neues Selbstwertgefühl half ihr, auch die Muster zu lösen, die sie in einer unglücklichen Beziehung festhielten. Schließlich konnte sie ihren Ehemann ohne Schuldgefühle verlassen.

Meine Klientin führt heute ein selbst bestimmtes, glückliches Leben, ist Autorin einiger Fachbücher und zahlreichen Fernsehzuschauern durch ihre Auftritte in Service- und Ratgebersendungen bekannt. Offene Gartentage, ein Heilkräuterlabyrinth und Jahreskreisfeste runden ihr Angebot ab. »Geld«, schrieb sie mir unlängst, »ist kein Problem mehr für mich. Ich mache mir gar keine Gedanken darüber. Es ist immer viel mehr da, als ich brauche.«

Das tun, was wir wirklich wollen und können

»Das Geld ist an allem schuld!« Das höre ich häufig und denke: Geld kann nicht schuld sein, denn Geld ist bedrucktes Papier. Es stellt sich vielmehr die Frage, was der Mensch mit Geld, einem Tauschmittel, unternimmt, welche Macht er dem Geld verleiht und wofür er es einsetzt.

Ich selbst habe mich für meine finanzielle Unabhängigkeit in einer

Situation entschieden, in der mir das Wasser einmal mehr bis zum Hals stand. Bei der Überlegung, wo ich 100 Euro auftreiben könnte, kam mir immer wieder meine Mutter in den Sinn. Aber der Gedanke daran, meine Mutter um Geld zu bitten oder Geld von ihr anzunehmen, auch ohne sie darum gebeten zu haben, erzeugte unglaublich schlechte Gefühle in mir. Irgendwann war ich an dem Punkt zu sagen: »Ich werde niemanden mehr fragen. Lieber verhungere ich, als dass ich noch irgendjemanden um Geld bitte.« Diese Entscheidung hat mich in die Unabhängigkeit gebracht. Ich habe mich, was Geld betrifft, nicht länger von anderen Personen abhängig gemacht. Ich habe die volle Verantwortung für mich und meine finanzielle Lage übernommen.

Das bedeutete nicht, dass ich plötzlich Geld hatte, aber ich konnte ganz anders mit Geld in Resonanz gehen. Ich habe nie wieder ausschließlich des Geldes wegen einen Job angenommen. Ich mache beruflich das, was ich wirklich will, ich übernehme Aufgaben, mit denen ich mich identifiziere. Das Geldverdienen ist eine Begleiterscheinung geworden.

Für die Energie, die ich im Berufsalltag aufbringe, bekomme ich einen Gegenwert in Form von Geld, denn Geld ist auch eine Energie und ein echter Begleiter des Lebensflusses.

Früher war ich auf Geld fixiert. Ständig habe ich mir Gedanken darüber gemacht, wo ich Geld herbekomme oder was ich mit welchem Job verdienen kann. Jetzt sind all diese Gedankengänge gelöscht.

Ich habe den Anspruch, aus meinem Leben das zu machen, was ich wirklich will. Ich schaue nicht auf den Kontostand, denn der ist nur die Folge und nicht die Ursache für mein berufliches Engagement. Ausreichend Geld zu haben, ist die entsprechende Begleiterscheinung.

Wenn wir uns den ganzen Tag mit einer Tätigkeit quälen, die uns überhaupt keinen Spaß macht, dann ist das nicht die Freiheit, von der ich spreche. Selbstverwirklichung ist grundsätzlich in jedem Beruf erfahrbar. Ihre Aufgabe ist es, herauszufinden, in welchem Beruf *Sie* sich verwirklichen können. Alles ist möglich. Es spielt keine Rolle, welche Startposition Sie haben und wie alt Sie sind.

Joanne K. Rowling lebte von Sozialhilfe, als sie den ersten Band von *Harry Potter* schrieb. Heute ist sie eine der reichsten Frauen Großbritanniens, noch vor Königin Elisabeth II. Das *Forbes-Magazine* schätzte ihr Vermögen in den Jahren 2004 bis 2007 auf eine Milliarde US-Dollar. Ingrid Noll begann mit 55 Jahren zu schreiben und ist heute, mit 72 Jahren, eine der erfolgreichsten deutschen Krimi-Autoren der Gegenwart. Wir brauchen aber gar nicht so weit und so hoch zu greifen. Denken Sie an die Floristin, die einen 400-Euro-Job hatte und jetzt mit großem Erfolg Blumenseminare anbietet und Bücher herausgibt. Sie macht, was ihr Freude bereitet und was sie wirklich gut kann. Oder sehen Sie mich an. Ich war das, was man gemeinhin einen Loser nennt. Ich war ein Mann ohne Geld und ohne Perspektive. Auch ich tue inzwischen, was mir am Herzen liegt, was ich besser kann als andere und was mich mit tiefer Zufriedenheit erfüllt: Ich helfe Menschen, ihr Glück zu finden. Und genau damit habe ich auch mein Glück gefunden – und zwar in jeder Hinsicht, auch in materieller.

»Dem Geld darf man nicht nachlaufen, man muss ihm entgegengehen.«

Aristoteles Onassis, griechischer Reeder und Millionär

Dankbarkeit ist der Schlüssel zu materieller Fülle

Ein bedeutender Zeitgenosse hat einmal gesagt: »Geld ist gedruckte Freiheit.« Damals habe ich das nicht verstanden, aber heute weiß ich, was gemeint ist. Wir glauben alle, wir müssen Geld haben, um frei zu sein. Es ist aber genau umgekehrt. Wenn wir frei im Sinne von Selbstverwirklichung sind, dann haben wir auch Geld. Dann kommt das Geld auch zu uns.

Haben wir diesen Schritt getan, dann haben wir auch Geld. Wir haben das Geld, das wir brauchen und anfordern. Wie viel das ist, bestimmen wir selbst, und zwar in unseren Alltagsentscheidungen. Wenn beispielsweise die Waschmaschine defekt ist und nach der Reparatur die hohe Rechnung im Briefkasten steckt, versetzt uns das in einen bestimmten emotionalen Zustand. Vielleicht denken wir: »Ich Idiot, bei einer so teuren Reparatur hätte ich besser gleich eine neue Waschmaschine gekauft. So viel Geld! Warum gerade diesen Monat?«

Alle möglichen Befürchtungen werden aktiv und man entscheidet womöglich: »Ich kann mir das nicht leisten.« Oder: »Ich warte mal die erste Mahnung ab.« Sie treffen Entscheidungen und – Sie erinnern sich – Ihr Unterbewusstsein tut alles, um Ihre Absichten zu verwirklichen. Treffen Sie künftig solche Entscheidungen, die Ihren Geldfluss aktivieren, und nicht solche, die ihn bremsen! Sie müssen also entscheiden: »Ich zahle die Rechnung. Ich weiß zwar heute noch nicht, wie ich das mache, aber ich zahle diese Rechnung innerhalb der Zahlungsfrist. Ich bin dem Handwerker, der meine Waschmaschine repariert hat, dankbar. Ausdruck dieser Dankbarkeit ist, dass ich mit Freude die Rechnung begleiche.«

Dankbarkeit ist einer der konstruktivsten emotionalen Zustände. Dankbar sind wir, wenn wir etwas bekommen, das wir haben möchten und das uns erfreut. Was an diesem emotionalen Zustand so bemerkenswert ist, ist die Tatsache, dass wir jedes Mal, wenn

wir dankbar sind, die Ursache für ein erneutes Erlebnis setzen, das uns dankbar macht, denn worauf wir unsere Aufmerksamkeit richten, davon ziehen wir mehr in unser Leben.

Versuchen Sie, immer wertzuschätzen, was Sie bekommen, und lernen Sie, dafür dankbar zu sein. Lenken Sie Ihre Aufmerksamkeit auf das, was Sie bezahlt haben oder auf jeden Fall bezahlen werden. Lernen Sie auch, Geldausgaben abzustellen, die Sie nicht wollen, was sich daran zeigt, dass Sie die Gegenleistung eben nicht wertschätzen können.

Jetzt wird mancher Leser schimpfen: »Was ist mit dem Finanzamt, der GEZ, dem Beitrag zur Industrie- und Handelskammer, der Berufsgenossenschaft, dem Unterhalt für meine Exfrau?«

Glauben Sie bitte nicht, dass ich weltfremd bin. Diese Gebühren, Beiträge und Kosten kenne ich genauso wie Sie. Aber seien wir ehrlich: Wir bekommen meistens Gegenleistungen, ob materiell oder ideell. Alles hat seinen Preis. Ich darf Ihnen versichern, es gibt Länder mit geringerer Steuerbelastung, es gibt Länder ohne IHK. Sie haben die Wahl, Sie können dorthin auswandern. Ich betrachte Steuern als Servicegebühr für eine gute Infrastruktur und eine Vielzahl von Möglichkeiten, mein Leben zu gestalten. Ich besuche beispielsweise seit einigen Monaten einen Italienischkurs an der Volkshochschule. Für 15 Unterrichtseinheiten habe ich den lächerlich geringen Betrag von 54 Euro bezahlt. Wenn das kein Grund zu Dankbarkeit ist? Länder mit niedrigen Steuern bieten oft wenig Spielraum oder schlechte Rahmenbedingungen für die Entwicklung des einzelnen Menschen.

Säen Sie Dankbarkeit und Wertschätzung, so kommen Dankbarkeit und Wertschätzung zu Ihnen zurück. Dankbarkeit ist gelebte Wertschätzung. Wenn ich für etwas dankbar bin, dann zeige ich, dass es Wert hat, und fühle diese Wertschätzung. Diese emotionalen Zustände werden über kurz oder lang auf meinem Bankkonto gespiegelt. Das ist echte Freiheit.

Erfolg und was dahintersteckt

Während meiner Krisenjahre habe ich mich mit verschiedenen Jobs über Wasser gehalten. Kurz nachdem ich das Sonnenstudio verlassen hatte, erhielt ich die Chance, in einem VW- und Audi-Autohaus als Automobilverkäufer zu arbeiten. Meine Tauglichkeit und die meiner Mitbewerber sollten mittels eines Tests festgestellt werden. Ein Mitarbeiter des Assessment-Centers unterzog alle Kandidaten umfangreichen Prüfungen. Das Ergebnis lautete, ich sei als Autoverkäufer ungeeignet.

Dennoch hat man mich eingestellt, denn ich war der einzige Bewerber, der die Arbeit sofort aufnehmen konnte. Der bisherige Verkäufer befand sich im Krankenstand, und der Geschäftsführer des Autohauses wollte unbedingt seinen Winterurlaub antreten. Also entschied er sich notgedrungen für mich, mit der Absicht, nicht länger als notwendig mit mir zusammenzuarbeiten.

Schon bald zeigte sich, dass in diesem Autohaus nur fünf bis acht Fahrzeuge pro Monat verkauft wurden. Am ersten Tag betrat nur ein einziger Interessent das Firmengelände. Als ich meinen Mantel anzog, um den Kunden draußen zu beraten, empfahl mir ein Kollege, im Warmen zu bleiben, denn erfahrungsgemäß kauften »solche Typen« ohnehin keine Autos – sie würden nur gucken, erklärte er mir.

Ich setzte mich über seinen Rat hinweg, führte mein erstes Kundengespräch und – was soll ich sagen? Ich verkaufte meinen ersten Neuwagen. Bilanz am Tag Eins: 1 Interessent, 1 Gespräch, 1 Abschluss. Und so ging es weiter: Nach drei Wochen hatte ich 18 Fahrzeuge an den Mann und an die Frau gebracht. Nun muss man doch annehmen, dass man mir einen roten Teppich ausgerollt und mich auf Händen getragen hätte, oder?

Das Gegenteil war der Fall. Nahezu alle Beschäftigten hatten ein Problem mit mir. Der andere Verkäufer, der Geschäftsführer, die Kollegen aus Verwaltung und Werkstatt. Ihre Vorbehalte gegen mich waren größer als der Wunsch nach steigenden Umsätzen.

Ich erkannte meine Fähigkeiten und beschloss, als Verkaufstrainer in der Automobilbranche den Händlern beizubringen, wie man profitabel Autos verkauft. Eigentlich müsste ich damit einen gigantischen Erfolg gehabt haben – aber weit gefehlt. Kaum jemand wollte mein Training buchen und somit dauerte meine brotlose Zeit weiter an …

Die Abhängigkeit von anderen lösen

So wie es mir erging, ergeht es auch anderen. Es stellt sich die Frage: Warum gelingt es so vielen Menschen nicht, ihr Potenzial zu verwirklichen?

Ich kann nur für mich sprechen: Ich befand mich in einem Abhängigkeitsmuster. Ich machte meinen Erfolg stets von anderen abhängig, die aus meiner Sicht das brauchten, was ich zu bieten hatte. Ich suchte eine Plattform, auf der andere Menschen mir meinen Wert spiegeln sollten – statt das Selbstwertgefühl in mir zu haben.

> *»Wenn ich die Menschen gefragt hätte, was sie wollen, hätten sie gesagt, schnellere Pferde.«*
> Henry Ford, Gründer der Ford Motor Company

Mit anderen Worten: Ich versuchte, mein Potenzial zu verkaufen – und genau daran scheiterte ich. Damit stehe ich nicht alleine. Sehr oft erklären Menschen ihr Scheitern so: »Ich kann mich selbst nicht verkaufen, ich kann meine Vorzüge nicht rüberbringen.« Das ist ein klarer Fall von fehlendem Selbstwert in Verbindung mit Abhängigkeit von anderen, die mich und meinen Wert erkennen sollen. So ging es mir auch. Genau genommen war ich abhängig von jemandem, der mein Defizit auffüllte. Auf diesen Jemand kann man lange warten!

Erst, wenn man wirklich das Bewusstsein von Selbstwert hat, sollte man darauf aufmerksam machen, was man zu geben hat, und so mit den Menschen in Resonanz gehen, die genau das haben wollen. Machen Sie sich bewusst, in welcher Weise Sie eine Bereicherung für die Welt sind.

Meine Erfolgsphilosophie ist heute, dass ich mir in jedem Augenblick darüber Klarheit verschaffe, was ich wirklich möchte, und mich exakt dafür entscheide.

Erfolg ist die Entsprechung meiner Absichten. Erfolg ist, was erfolgt. Es erfolgt das, was ich verursache.

Warten und hoffen, dass jemand Sie entdeckt und jemand anderes Ihnen Ihre Chance auf einem Silbertablett serviert, kann nur in einer Enttäuschung enden. Das wird nämlich nicht passieren. Finden Sie ständig heraus, was Sie wirklich wollen, und gehen Sie diesen Weg. Schritt für Schritt.

Sie alle erinnern sich an den Sieg von Lena Meyer-Landrut beim Eurovision Song Contest 2010. Auf ihrem Weg nach Oslo musste Lena zahlreiche Hindernisse überwinden. Wie sie in einem Interview erzählte, hatte sie kein Geld, um die Bahnfahrkarte von Hannover zum ersten Casting nach Köln zu bezahlen. Sie suchte sich kurz entschlossen einen Wochenendjob, um das nötige Geld zu verdienen. In den TV-Shows »Unser Star für Oslo« interpretierte sie Songs, die als wenig geeignet für ein Massenpublikum eingestuft wurden. Lena hielt dennoch an ihrer Auswahl fest und wurde von den Zuschauern ein ums andere Mal belohnt. Als ihre Favoritenrolle offensichtlich wurde, kam die junge Frau in einen Konflikt zwischen Pflicht und Kür. Die TV-Termine kollidierten mit den Terminen der Abiturprüfung. Aufgeben kam für sie nicht in Betracht. Kurz vor ihrem Abflug nach Oslo schaffte Lena ihr Abitur. Lena hat an sich geglaubt und ihr Ding durchgezogen.

Was ist Ihre wirkliche Stärke?

Unter meinen zahlreichen Bemühungen, Geld zu verdienen, findet sich auch der Versuch, als Musiker zu reüssieren. Ich spielte Saxophon und meine Frau Jutta sang. Unter dem vielversprechenden Namen »Nachtbarn« machten wir offen gestanden ziemlich schlechte Musik. Wie sollte es auch anders sein? Ich hatte mir nur wenige Wochen Zeit gegeben, das Saxophonspielen zu erlernen, und Jutta hat zwar eine hübsche Stimme, aber niemals gelernt, den richtigen Ton zu treffen. Von manchem Engagement kamen wir niedergeschlagen und mutlos nach Hause, denn wir wussten, wir hatten unsere Auftraggeber enttäuscht, mancher hatte sich sogar vor seinen Gästen für uns geschämt. Ein Kunde hat uns einmal Geld angeboten, wenn wir sofort aufhörten zu spielen! Aber es gab auch andere Erfahrungen: Menschen, die sich großartig amüsierten und sich bei uns für den unterhaltsamen Abend bedankten. Das meinten sie keineswegs ironisch.

Ich fragte mich, warum es an manchen Tagen ganz gut lief, während wir an anderen Tagen nur negatives Feedback bekamen. Eines Abends sagte ein untersetzter, nicht mehr ganz junger Herr, der mit seiner Frau eine flotte Sohle aufs Parkett legte: »Ihr könnt zwar überhaupt nicht spielen, aber ihr macht eine tolle Stimmung!« In diesem Augenblick machte es »klick« und ich bekam die Antwort auf meine Frage: Unser Potenzial war nicht, Musik zu machen, unser Potenzial war, gute Stimmung zu erzeugen. Fortan trafen wir die klare Absicht, dieses Potenzial zu leben und zu vermarkten. Wir schenkten den Kunden schon beim Vertragsabschluss reinen Wein ein: »Sie können bessere Musiker finden, aber keine, die so viel Stimmung machen wie wir. Ihre Gäste werden noch lange an Ihr Fest zurückdenken. Das können wir Ihnen versprechen.« Mit dieser klaren Absicht, unser Potenzial zu stärken, und der ebenso eindeutigen Kommunikation darüber entwickelte sich unser Musikerdasein ganz prächtig.

Authentizität ist ein wichtiger Erfolgsfaktor.

Wir konnten nicht nur von den Gagen unseren Lebensunterhalt bestreiten, sondern genossen die Wertschätzung und Dankbarkeit unserer Auftraggeber. Schließlich gingen wir sogar so weit, unser Duo umzubenennen: »Die schlechteste Stimmungskapelle der Welt«. Nomen est omen, sagt der Lateiner. Der Name ist Programm.

Bringen Sie mit der Klarheit Ihrer Absichten Ihr Leben in Fluss

Es geht im Leben immer um die Klarheit der Absicht. Mit jeder eindeutigen Entscheidung kommt das Leben in Fluss. Es ist möglich, dass dabei Hindernisse auftauchen. Diese Hindernisse können wir im emotionalen Bereich erleben, aber auch im materiellen, also in den sicht- und greifbaren äußeren Umständen unseres Lebens.

Hindernisse können Glaubenssätze sein wie »Zum Erlernen einer Fremdsprache bin ich zu alt«. Hindernisse können aber auch destruktive Muster wie Versagensängste sein oder äußere Bedingungen wie beispielsweise das Erfordernis einer teuren Weiterbildung angesichts knapper Kasse oder die Autopanne auf dem Weg zum Vorstellungsgespräch.

Entscheidend ist, wie wir darauf reagieren. Geben wir auf, stecken wir den Kopf in den Sand oder versuchen wir, das Hindernis zu lösen, um dann auf unserem Weg voranzuschreiten?

Ein Bekannter, der ein kleines Geschäft für Unterhaltungselektronik von seinem Vater übernommen hatte, klagte über chronische Unzufriedenheit und gestand, dass der Griff zur Flasche oft der einzige Ausweg aus seinen dunklen Gedanken war. Wir arbeiteten mit der Mentalen Resonanz Methode und mit der Meditation. Sehr schnell fand mein Bekannter heraus, dass er das Geschäft gar nicht weiterführen wollte, sondern von der Familie in diese Aufgabe hineingedrängt worden war. Eigentlich wollte er die Welt bereisen, andere Länder entdecken und einen Beruf ausüben, der Abwechslung und Abenteuer versprach. Als er sicher war, wie er sich in seinem Berufsalltag fühlen wollte, entdeckte er in der Samstagszeitung ein Stelleninserat. Gesucht wurde ein Techniker, der Großbildwände und die dazu gehörige Elektronik im Rahmen von Events wie Messen, Konzerten oder Sportveranstaltungen aufbaute und technisch betreute.

Das war sein Job! Keine Frage. Diese Anzeige wandte sich direkt an ihn. Er hatte weder Zeugnisse noch Referenzen vorzuweisen, aber er hatte eine Absicht getroffen. Er stellte sich vor, wie er sich fühlen würde, wenn er bei der Fußball-EM, der Leichtathletik-WM oder bei der Deutschland-Tournee bekannter Bands an einer wichtigen technischen Schnittstelle saß. Einen Tag später beschloss er, sich die Firma, bei der er so gerne tätig sein wollte, anzusehen. Er fuhr an einem Sonntagvormittag zum Firmengebäude und stand vor verschlossener Tür. Meinem Bekannten war klar, dass er am Wochenende niemanden antreffen würde. Es ging ihm einzig und allein darum, die Vorstellung zu genießen, dass hier sein Traumjob wartete, als eine Limousine vorfuhr. Der Fahrer ließ die Scheibe herunter und fragte meinen Bekannten, ob er ihm behilflich sein könnte. »Nein, danke«, sagte dieser, »ich wollte nur mal diese Firma von außen ansehen, ich möchte mich nämlich auf eine Stelle bewerben.« »Aha, auf welche denn?«, wollte der Herr im Auto wissen. Mein Bekannter beschrieb seinen Traumjob und erläuterte, warum er die ausgeschriebene Stelle unbedingt haben wollte und warum er überzeugt war, der richtige Mann für diese Tätigkeit zu sein.

»Gut«, sagte der Herr im Auto, »Sie haben mich schon fast überzeugt. Hier ist meine Karte. Melden Sie sich morgen bei meiner Sekretärin und dann sehen wir weiter.« Auf der Visitenkarte stand in großen Lettern »Personalchef«. Der Rest war Formsache.

Entscheidungen zu treffen und die Entscheidungen durchzuziehen, das ist die Kernkompetenz erfolgreicher Menschen. Je öfter Sie eine Wahl treffen, umso mehr Erfolg haben Sie, umso mehr ist Ihr Leben im Fluss.

Wenn Sie alle Hindernisse auflösen, die sich Ihnen in den Weg stellen, sind Sie im Prozess der Selbstverwirklichung. Wer sich selbst verwirklicht, lebt seine Potenziale, und wer seine Potenziale lebt, hat Erfolg. Diese Strategie funktioniert immer, egal in welchem Lebensbereich sie angewendet wird! Wer Erfolg hat, hat sein Auskommen, hat genügend Geld, um sorgenfrei zu leben.

Wenn die Spinne zum Feind wird: Ängste, Zwänge und Phobien

Viele Menschen, die sich Hilfe und Rat suchend an mich wenden, leiden unter einer Phobie, das heißt, sie haben Angst vor Mäusen, Spinnen, Hunden, Vögeln, vor Höhe, Brücken, Menschen, Aufzügen, Rolltreppen oder Tunneln. Es gibt fast nichts, was ich in diesem Zusammenhang nicht schon erlebt hätte. Die Phobie selbst ist für den Betroffenen zwar problematisch, aber nicht das eigentliche Problem. Vielmehr ist sie das Symptom für ein dahinter liegendes größeres Thema.

Worum geht es eigentlich wirklich?

Ich weiß von einer Frau, die panische Angst hatte, auf eine Autobahn zu fahren. Solange sie ihren Wagen über Landstraßen, durch Dörfer und Städte chauffierte, war die Welt im Lot, aber schon beim Gedanken an eine Autobahn wurde der Frau schwarz vor Augen und sie geriet in Panik. Sie arbeitete mit der Mentalen Resonanz Methode und es stellte sich heraus, dass hinter dieser Angst die Angst vor Fremdbestimmung lag. Sie war das eigentliche Übel. Die Autobahn, auf der wir bekanntlich weder anhalten noch wenden dürfen, triggerte das Muster »Fremdbestimmung« bei der Autofahrerin an. Folglich entfaltete sich beim Lösen des Musters das Potenzial »Unabhängig sein«. Gemeint war sowohl die innere als auch die materielle Unabhängigkeit.

Bitte bedenken Sie, dass bei zwei Menschen dasselbe Verhinderungsprogramm aktiv sein kann, obwohl ganz unterschiedliche Ängste zugrunde liegen. Die Fallbeispiele dieses Buches sind individuell und können daher nicht eins zu eins auf andere Menschen übertragen werden.

Bei einer anderen Person, die auch Angst vor Autobahnen hat, muss es sich also nicht zwangsläufig ebenfalls um die Themen Fremd- und Selbstbestimmung handeln.

Jeder weiß, eine kleine Spinne stellt keine Bedrohung für einen tausendmal größeren und kräftigeren Menschen dar; die Maus läuft panisch davon, wenn Sie sich ihr nähern und wird Sie ganz bestimmt nicht beißen. Die Mainbrücken tragen täglich Zigtausende Autos, Züge und Fußgänger. Sie werden auch unter Ihrem Körpergewicht nicht zusammenbrechen, und der Fernsehturm wird nicht wackeln und schwanken, weil Sie sich an seine Brüstung lehnen.

Es geht nicht um die Maus, die Spinne oder die Brücke. Durch die Phobie drückt sich lediglich das jeweilige Muster aus. In Wahrheit geht es um die dahinterliegende Angst. Und um einen Irrtum. Unser Unterbewusstsein, das ständig die Gegenwart scannt und auf mögliche Gefahren prüft, fühlt sich durch die Spinne, die Maus oder die Brücke an eine abgespeicherte negative Erfahrung erinnert und startet das passende Muster.

Eine Spinnenphobie entpuppt sich häufig als die Angst vor Kontrollverlust. Mit ihren acht Beinen bewegt sich die Spinne jenseits der uns vertrauten Motorik. Das triggert bei Menschen, die Angst vor Kontrollverlust haben, das entsprechende Muster an. Es geht also nicht darum, die Angst vor Spinnen mit der Mentalen Resonanz Methode zu löschen, sondern die Angst vor dem Kontrollverlust. Aber: Nicht jeder Mensch, der den Kontrollverlust fürchtet, hat eine Spinnenphobie. Der Bauplan, in dem unsere Ängste, Blockaden und Traumata sowie die Verhaltensmuster abgelegt sind, die diese negativen Gefühle verdecken, ist so individuell wie der genetische Code eines Menschen. Erbe, Prägung und Tausende von eigenen Erfahrungen haben an diesem Plan mitgeschrieben.

Es wäre also fatal, Menschen in Schubladen zu stecken und mit dem Verstand die vermeintliche Ursache zu analysieren. Ich habe Menschen kennengelernt, die bereits auf einem drei Meter hohen Balkon unter Höhenangst litten, aber keine Flugangst hatten. Daran sieht man, wie irrational Phobien sind.

Bei einigen Klienten mit Flugangst fanden wir als Ursache die Angst vor Ausweglosigkeit – die sich übrigens ebenso auf Rolltreppen zeigen kann, denn Rolltreppen kennen auch keine Möglichkeit zur Umkehr. Einmal auf der Treppe, rollen Sie in die eingeschlagene Richtung, ob Sie wollen oder nicht. Bei anderen Kunden war Flugangst mit dem Fehlen eines inneren Halts verbunden, bei wieder anderen mit Angst vor der Zukunft oder dem fehlenden Vertrauen ins Leben. Wer nicht vertrauen kann, tut sich verständlicherweise sehr schwer damit, sein Leben in die Hände eines Piloten zu legen und darauf zu bauen, dass dieser fachlich und charakterlich hinreichend qualifiziert ist. Ich habe sogar erlebt, dass sich bei einem Klienten mit dem Lösen der Flugangst das Potenzial »Geliebt sein« entfaltete.

Warum Verhaltenstherapie nicht wirklich weiterhilft

In der Psychologie werden Phobien und Panik meistens mit teilweise langjährigen Konfrontations- oder Verhaltenstherapien behandelt. Dabei gelingt es aber nicht, die Ängste zu löschen, sondern lediglich, die Angst auszuhalten und sie »in den Griff« zu bekommen. Die Therapie selbst erleben viele Menschen als Martyrium. Stellen Sie sich vor, Sie haben Angst, über Brücken zu gehen, und sollen diese Angst bearbeiten, indem Sie – unterstützt und begleitet durch den Therapeuten – was tun? Über Brücken gehen! Was bedeutet das für Sie? Es ist die

Hölle! Und es wird immer eine Kraft raubende Angelegenheit bleiben. Der Patient, der Angst vor Aufzügen hat, soll in Begleitung des Therapeuten den Lift besteigen und »begreifen«, dass seine Angst unbegründet ist. Welch ein Hohn. Als ob er das nicht selbst wüsste!

Ich hatte schon immer Angst vor Hunden, selbst vor ganz kleinen. Das war ein Problem, denn Jutta liebt Hunde und hielt einen großen schwarzen Vierbeiner. Als es die Mentale Resonanz Methode noch nicht gab und wir glaubten, ein Psychologe sei die richtige Anlaufstelle, meldete Jutta mich zur Konfrontationstherapie an. Ziel war es, mit positiven Erfahrungen die negativen zu überschreiben. Das sollte samstags auf einem Hundeplatz geschehen. Es war fürchterlich. Ich, der ich rasende Angst vor Hunden hatte, sollte die Begegnung mit den Kläffern aktiv suchen. Das war geradezu grotesk. Nach einem einzigen Versuch erklärte ich das Projekt für gescheitert. Wenn mir heute Klienten ihr Leid über eine Konfrontationstherapie klagen, habe ich vollstes Verständnis und kann mich sehr gut in ihre Not hineinversetzen.

Als ich später die Mentale Resonanz Methode entwickelt hatte, war mir klar, ich musste auch diese Phobie bearbeiten. Doch wie der Schuster, der selbst die schlechtesten Schuhe trägt, hatte ich, der ich beruflich von morgens bis abends Muster löse, keine Lust, wegen einer solchen Nebensächlichkeit an mir selbst zu arbeiten und meiner Phobie auf den Grund zu gehen. Das tat ich erst, als eine für mich bedrohliche Situation entstand. Insofern trifft auch auf mich zu: Erst der Leidensdruck setzt die Kraft frei, die es braucht, um sich einer Angst zu stellen.

Um abzuschalten und neue Energie zu tanken, gehe ich gerne in den Wald. Eines Tages begegnete ich dort einem sehr, sehr großen Hund. In meiner Wahrnehmung war der Hund sogar riesengroß und mir überaus feindlich gesinnt. Weit und breit war kein Mensch zu sehen. Meine Hoffnung, dass irgendwer sich meiner erbarmen und das große Tier an die Leine nehmen würde, musste ich also begraben. Mir stockte der Atem, mein Herz schlug bis zum Hals.

Jetzt oder nie, dachte ich und blieb wie angewurzelt stehen. Der

Hund folgte meinem Beispiel. Wir standen uns also gegenüber. »Nicht in seine Augen sehen, nicht seinen Blick suchen, dann fühlt er sich provoziert, seine Macht zu demonstrieren!« Dieser Rat meiner lieben Frau kam mir in den Sinn. Ich entschied mich für Juttas Deeskalationsstrategie. Das klappte gut, löste aber mein Problem nicht. Also suchte ich das Gefühl der Angst in meinem Körper und spürte ihm solange nach, bis ich die Frage stellen konnte: »Was will ich selbst in dieser Situation haben oder sein, was will ich selbst wirklich?« Das Gefühl, das sich dann einstellte war: »Respektiert werden!«, und es bezog sich nicht nur auf Hunde, sondern vor allem auf Menschen. Meine Angst vor Hunden war eine Phobie, die die dahinter liegende tiefe Angst, nicht respektiert zu sein, zum Ausdruck brachte.

Es handelte sich also um dieselbe Angst, die ich bereits im Zusammenhang mit meiner Sportlehrerin Frau Haas lösen musste. Wenn ich behaupte, dass ein Muster binnen Minuten gelöst und für immer gelöscht ist, dann spreche ich von dieser einen Verknüpfung.

Bei den großen Themen, die wir im Leben mitschleppen, hat das Muster meistens mehrere Verknüpfungen gebildet, die – eine nach der anderen – einzeln gelöst werden wollen.

Panikattacken

Nicht gelöste Ängste können im Laufe der Zeit zu Panikattacken anwachsen. Panik braucht zusätzlich zur Angst immer den Faktor »Zeit«. Eine häufig gelebte Angst wird zur Panik, weil der Mensch seine Angst von Mal zu Mal dramatischer wahrnimmt und negativer interpretiert. Das Entstehen einer Panik ist also ein dynamischer Prozess.

Kinder haben deshalb so gut wie nie Panikattacken. Erst wenn eine Angst immer wieder gelebt und nicht gelöst wird, verstärkt sie sich zu einer konditionierten Angst, zu Panik. Von Panik sprechen wir also, wenn die Angst sich verselbständigt und nicht mehr kontrollierbar ist. Sie übt Macht über den ganzen Körper aus und zwar mit allem, was ihr zur Verfügung steht – Schweißausbrüche, Herzrasen, Zittern, Schwindel, Sehstörungen bis hin zur Ohnmacht.

Solange Ängste und Phobien im Unterbewusstsein aktiv sind, beherrschen sie den Menschen, weil er ständig damit befasst ist, seiner Angst aus dem Weg zu gehen und sie möglichst so gut zu unterdrücken, dass er sie nicht spürt. Es ist ein lebenslanges Mühen und Ringen. Das ist umso bedauerlicher, als es sich bei Phobien in den meisten Fällen nur um ein einziges Muster handelt, das relativ leicht und schnell zu lösen ist, so dass die Angst für immer verschwindet.

Zwänge

Ähnlich verhält es sich auch mit Zwängen. Ich hörte von einem Fall, in dem eine Frau mit ihrem Putzzwang ihre Ehe ruiniert hat. Zunächst nervte das ständige Schrubben und Saubermachen den Ehemann und die gemeinsamen Kinder, aber sie nahmen es kopfschüttelnd hin. Im Laufe der Zeit verstärkte sich das Muster allein durch die Tatsache, dass es ständig gelebt wurde. Schließlich glich die ganze Wohnung einem sterilen Labor. Leben war hier nicht mehr möglich. Kaum fiel ein Brotkrümel auf den Teppich, war die Frau schon mit dem Staubsauger zur Stelle, um dieser Bedrohung häuslicher Ordnung mit größter Entschlossenheit und allen verfügbaren technischen Mitteln zu Leibe zu rücken. Was für ein Albtraum – für die Frau ebenso wie für ihre Familie. Wie leicht hätte man hier helfen können!

Krankheit – Die Symbolik unseres Körpers

Eine emotionale Disharmonie kann unseren Körper aus dem Gleichgewicht bringen. Sie verursacht dann eine körperliche Störung, die sich als Krankheit zeigen kann.

Unsere Gedanken sind Energie und schaffen Schwingungen, die mittels unserer Gefühle messbar sind. Diese Schwingungen manifestieren sich auch in unserem Körper. Somit stellt unser Körper – ähnlich wie das Geld oder die Beziehung zu unserem Partner – eine Plattform dar, auf der sich unsere Einstellungen, Muster, Ängste und Absichten ausdrücken können.

Sind unser Denken und Handeln geprägt von Ärger, wird sich auch unser Körper ärgern und uns das durch Schmerzen oder andere Krankheitssymptome verdeutlichen. Wenn wir traurig, depressiv, einsam, wütend oder ärgerlich sind, schwächen wir unsere Abwehrkräfte. Umgekehrt stärken wir sie, wenn wir positive Gefühle und Gedanken haben, Erfolg generieren, Freude, Liebe und Zuversicht empfinden.

Die Wechselwirkung zwischen Denken und Fühlen einerseits und körperlichen Reaktionen andererseits erleben wir täglich. Warum zittern unsere Hände, wenn wir aufgeregt sind, warum steigt uns das Blut zu Kopf, wenn wir uns ertappt fühlen? Und warum rast unser Herz, wenn wir eine schlechte Nachricht erhalten?

Alles, was wir in unserem Leben erlebt und erfahren haben, wird auch auf körperlicher Ebene in jeder einzelner unserer Körperzellen abgespeichert. Durch das Festhalten und Verdrängen von tief sitzenden

Ängsten, Kränkungen und negativen Prägungen auf körperlicher Ebene entsteht Anspannung. Wo Anspannung herrscht, ist der natürliche Energiefluss blockiert, die optimale Durchblutung und Versorgung und damit die Voraussetzung für Gesundheit fehlen. So entstehen Krankheiten und Schmerzen.

Krankheit oder Heilung: Wohin geht die Aufmerksamkeit?

Beim Joggen kam mir kürzlich ein Mann entgegen. Er spazierte langsamen Schrittes durch den Wald und trug dabei seine Walkingstöcke unter den Armen, statt sie zu benutzen.

»Guten Morgen, auch schon unterwegs?«, grüßte er mich, während ich es mir nicht verkneifen konnte, ihm auf heitere Art zu begegnen: »Guten Morgen – das mit den Stöcken ist aber anders gedacht …«

»Die Stöcke habe ich nur meiner Frau zuliebe dabei, die schimpft sonst. Aber ich darf mich gar nicht anstrengen, ich muss mich schonen. Ich habe Operationen am Knie und am Sprunggelenk hinter mir, außerdem wurde ich am Herzen operiert. Und der Jüngste bin ich ja nun auch nicht mehr. Ich bin froh, dass es mit dem täglichen Spaziergang noch klappt. Diese Stöcke, die sind was für junge Leute, nicht für einen kranken Mann wie mich.«

Die Identifikation mit Alter und Krankheit war bei diesem Mann so groß, dass ich als Mentaltrainer nur feststellen kann: So kann niemals Gesundheit beziehungsweise eine Verbesserung eintreten. Nicht möglich!

»Krankheiten, die keinen Namen haben, heilen schneller.«
Weisheit einer 90-Jährigen

Krankheiten werden viel zu oft in den Mittelpunkt der Aufmerksamkeit gestellt. Viele Menschen haben ausschließlich ihre kleinen Zipperlein im Kopf und reden über nichts anderes. Sie wissen nicht, dass sie nach dem Gesetz der Resonanz das vermehren, worauf sie ihre Aufmerksamkeit richten.

Dass es auch anders geht, habe ich eindrucksvoll bei einer meiner Klientinnen erlebt. Im Alter von 39 Jahren hatte diese Frau aufgrund ihrer damaligen Symptomatik (Sensibilitätsstörungen am ganzen Körper, ständige Schwindelgefühle, Sehstörungen und chronische, bleierne Müdigkeit) und infolge der entsprechenden Untersuchungen die Diagnose »Multiple Sklerose«, kurz MS, bekommen. In den Augen des behandelnden Neurologen eine ausweglose Situation ohne Aussicht auf Heilung. Deshalb hatte er seine Patientin mehr oder minder einfühlsam mit dem Gedanken vertraut gemacht, dass sie wahrscheinlich eines Tages im Rollstuhl sitzen und blind sein würde.

Meine Klientin hatte Gott sei Dank eine laute innere Stimme. Sie entschied sich gegen eine konventionelle Behandlung, zu der der Arzt eindringlich geraten hatte. Mit einer traditionellen chinesischen Akupunkturbehandlung wurde ihre erschöpfte Lebensenergie aufgefüllt, sie lernte, rücksichtsvoller mit sich selbst umzugehen, hielt sich von Menschen fern, die ihr nicht gut taten, wechselte ihren belastenden Arbeitsplatz, aber vor allem: Sie richtete ihre Aufmerksamkeit nicht auf die Krankheit, sondern auf die Heilung!

Das war der entscheidende Punkt. Sehen Sie den Unterschied? Die Patientin identifizierte sich nicht mit der Diagnose »unheilbar krank«, sondern konzentrierte sich fortan auf die gesunden Anteile in ihrem Leben. Sie lehnte sogar eine Kur ab, zu der ihr die Krankenkasse riet. Sie wollte nicht nur von Kranken umgeben sein, die über nichts anderes reden als ihre Krankheit.

Damals beschloss sie: »Alles in meinem Organismus, in meinem Leben, in meinem Universum – egal, wie krank ich jetzt bin – strebt nach Heilung. Ich muss beginnen, dieser Botschaft meines Körpers zu vertrauen und meiner inneren Weisheit zu folgen. Die stärkste Macht in meinem Leben ist nicht die MS, sondern bin ich selbst.«

Unser Körper ist das Spiegelbild unserer Seele und unserer innersten Einstellung. Die Herausforderung ist zu erkennen, was der Körper mir mitteilen will.

Die MS-Schübe traten seltener und weniger heftig auf. Die Klientin hatte also schon viel Vorarbeit geleistet, als sie schließlich den Weg zu mir fand. Wir spürten ihre inneren Blockaden auf und konnten ihre Muster lösen. Nachdem sie bei mir in zwei Seminaren und beim Mentalen Resonanz Training war, wendet sie mittlerweile erfolgreich selbst die Mentale Resonanz Methode an. Heute ist diese Frau 51 Jahre alt und es geht ihr blendend. Ich bin davon überzeugt, dass es so bleibt.

Anders erging es nach Auskunft meiner Klientin einer etwa gleichaltrigen Mitpatientin, die sich sofort nach der Diagnose der MS-Erkrankung nach einer behindertengerechten Wohnung umsah, ihre Freizeit fortan vornehmlich in Selbsthilfegruppen mit Betroffenen zubrachte und den prognostizierten Krankheitsverlauf als gegeben und nicht beeinflussbar ansah. Sie identifizierte sich mit dem angeblich vorgezeichneten Weg. Die Frau ist heute längst auf die Hilfe Dritter angewiesen.

Vertraue der Diagnose, aber nicht der Prognose.

Dieser oft zitierte Satz stammt von dem amerikanischen Wissenschaftsjournalisten Norman Cousins, der auch das bemerkenswerte Buch *Der Arzt in uns selbst* verfasst hat.

Körper und Seele als Einheit

Es ist höchste Zeit, eine ganz andere Art des Umgangs mit sich selbst zu praktizieren, denn die Zahl der psychosomatischen Krankheiten nimmt dramatisch zu. Meine Erfahrung im Praxisalltag ist, dass viel mehr Erkrankungen ihre Ursache in der seelischen Verfassung eines Menschen haben als bisher angenommen.

Professor Helmut Friess, Direktor der Chirurgischen Klinik am Klinikum Rechts der Isar in München, spricht in einem Interview mit dem Magazin *Focus* davon, dass eine Operation nur 50 Prozent des Behandlungserfolges ausmacht. Heilung vollzieht sich nach seinen Worten erst durch das Zusammenwirken von Körper, Seele und Geist.

Körper, Seele und Geist bilden eine Einheit. Das bedeutet, negative Gedanken schaffen negative Gefühle, und diese drücken sich in den Lebensumständen aus – der Unzufriedenheit im Beruf, dem Misserfolg, einer unglücklichen Partnerschaft, den finanziellen Sorgen oder aber einer Krankheit – und oft in mehreren Bereichen gleichzeitig.

Dort, wo die Krankheit entsteht, muss sie geheilt werden.

Negative Gedanken, negative Gefühle und eine dauerhaft negative innere Einstellung können also mittelfristig zu Erkrankungen führen, die langfristig mit großer Wahrscheinlichkeit chronisch werden.

Der Dokumentarfilmer Clemens Kuby, dem es gelang, nach einer Querschnittslähmung seine Selbstheilungskräfte so zu aktivieren, dass er binnen eines Jahres wieder laufen konnte, schreibt in seinem Buch *Unterwegs in die nächste Dimension*:

»Wer nicht hören will, muss fühlen. Wer seine Seele ständig grob missachtet, aus welchen Gründen auch immer, muss dankbar sein, wenn er krank wird, und zwar so krank, dass er in sich geht, seine gewohnten Handlungen aussetzen muss, um sich nur noch ums Gesundwerden zu kümmern.«

Die Schulmedizin, die sich dank wissenschaftlichen Fortschritts in atemberaubender Weise entwickelt hat, kümmert sich um die Krankheitssymptome. Jeder Herzchirurg, jeder Unfallarzt, jeder Geburtshelfer, jeder Wissenschaftler in der Krebsforschung verdient unsere Hochachtung! Das steht ganz außer Frage. Aber um wie viel erfolgreicher könnte deren Arbeit sein, wenn der Mensch parallel zur Behandlung seine Selbstheilungskräfte mobilisieren würde!

»Gesundheit ist weniger ein Zustand als eine Haltung, und sie gedeiht mit der Freude am Leben.«
Thomas von Aquin (1225–1274), italienscher Theologe

Die Botschaften des Körpers

Krankheiten, beziehungsweise Krankheitssymptome, entstehen immer in der Nähe der ursächlichen Emotion. Dort befindet sich übrigens auch das Potenzial. Ich habe dieses Wissen und meine täglichen Erfahrungen systematisiert und eine Tabelle aufstellen können, die darüber Auskunft gibt, hinter welcher Krankheit welches mentale Thema oder welche verdrängte Emotion steckt.

Diese Tabelle beruht auf Erfahrungen und Beobachtungen, die ich im Laufe der Jahre gemacht habe. Sie erhebt keinen Anspruch auf Vollständigkeit und wird von mir ständig weiterentwickelt und ergänzt.

Krankheit/Symptom	Die Botschaft des Körpers
Akne	sein Äußeres/das Äußere ablehnen/abgrenzen/sich abgegrenzt fühlen
Aktivismus	Angst, Gefühle zuzulassen, vor der eigenen Identität, vor der Zukunft; vor seinen Ängsten weglaufen
Alkoholsucht	Gefühle – besonders Wut, die aus einem Gefühl der Ohnmacht resultiert – wegspülen, betäuben; Gleichgültigkeit, Selbstablehnung, Flucht, Gefühl von Minderwertigkeit, Schwäche
Allergien	bestimmte Themen oder Menschen werden abgelehnt, verurteilt, verleugnet
Alzheimer	Verurteilung/Ablehnung der äußeren Welt, so wie sie ist
Anämie	Angst vor dem Leben, Verleugnung der Realität
Anspannung	Festhalten von Ängsten, festgefahren sein, Ängste unterdrücken
Apathisch sein	Verweigerung Gefühle wahrzunehmen und Hilfe anzunehmen; weder Lebenslust noch -freude spüren können, absolut enttäuscht sein; sich erledigt fühlen
Apnoe (Atemstillstand)	fehlender Lebensgeist, Resignation
Asthma	nicht geweinte Tränen, nicht gelebte Trauer, unterdrückte Trauer/unterdrückte Traurigkeit
Augenentzündung	Wut/Enttäuschung über das, was man sieht
Augenränder	geistiger Erschöpfungszustand durch den Versuch, alles kontrollieren und überschauen zu wollen
Arthritis	Festhalten an Überzeugungen (Thema je nachdem, welches Organ arthritisch ist)
Bandscheibenvorfall	sich mit Problemen allein gelassen fühlen, unter Druck sein, mit Druck je nach Region Ängste unterdrücken
Bindehautentzündung	Wut/Enttäuschung über das, was man sieht

Krankheit/Symptom	Die Botschaft des Körpers
Biss (gebissen werden)	Selbstbestrafung: Thema je nach Körperregion
Blasenentzündung	Angst vor einer Autorität, autoritären Institutionen
Blähungen	schlecht verdaute Erfahrungen
Blinddarmentzündung	Wut/Enttäuschung über fehlendes Gute im Leben
Blutgerinnsel	Lebensfreude und -fluss ist ins Stocken gekommen
Blutdruck (erhöht)	nicht gelöste Probleme behindern den Lebensfluss; sich unter Druck setzen, ohne Konflikte zu lösen; unterdrückte Aggressionen
Blutdruck (erniedrigt)	Konflikten ausweichen, sich nicht durchsetzen, nicht für etwas einstehen
Bluten	Lebensfreude geht aufgrund einer Verletzung verloren
Borderline-Syndrom	das Leben von der negativsten Seite betrachten; negative Konditionierungen; Hass und Wut gegen alle; Minderwertigkeitsgefühle und Versagensangst; Selbstgerechtigkeit; enttäuscht vom Leben selbst; fehlende Daseinsberechtigung, Verurteilung, Schuld im Außen sehen
Bruch (Leistenbruch)	zu hohe Anspannung; Überforderung
Bulimie	Verzweiflung, Hass gegen sich selbst, keine Problemlösungen in Sicht
Burnout Syndrom	fehlende Selbstverwirklichung, fehlende Lebensberechtigung, mangelnde Anerkennung, mangelndes Selbstvertrauen, verletztes Selbstwertgefühl, negatives Denken, Verurteilung, in festen Strukturen funktionieren, Roboterdasein
Cellulite	Unverbindlichkeit, fehlendes Selbstvertrauen, Selbstzweifel, fehlende innere Sicherheit
Cholesterinspiegel (erhöht)	Versuch, die Lebensfreude über Nahrung zu bekommen

Krankheit/Symptom	Die Botschaft des Körpers
Chronische Erkrankungen	stark konditioniert, sehr verinnerlicht, von Vorfahren übernommen
Darmprobleme	ungünstiger Umgang mit Problemen, Festhalten der Vergangenheit
Depression	Hoffnungslosigkeit, hartes Ego, konditionierte Ansichten, negatives Denken über alles und jeden; Ohnmacht, emotionales Verhinderungsmuster, welches Entscheidungen/Umsetzungen/Verwirklichungen verhindert, Verurteilung
Diabetes Mellitus	das Süße im Leben nicht sehen/leben können
Drogensucht	Flucht vor der Realität in eigene Traumwelt, Angst vor dem irdischen Leben, der irdischen Härte; Weglaufen vor der Verantwortung
Durchfall	Loslösungsprozess, Ablehnung von Versorgung
Eifersucht	Angst, nicht zu genügen, abgelehnt zu werden
Eiter	Verteidigungsapparat, Lebenswille
Entzündung	aufgestaute Wut und/oder Enttäuschung explodiert; Selbstzweifel
Epilepsie	innere Zerrissenheit, sich selbst ablehnen
Erbrechen	Situation ist zum Kotzen; Angst vor Neuem
Erkältung/Grippe	zu viel festgehalten, Körper sucht Entspannung/will loslassen
Fehlgeburt	Ablehnung der Schöpferfähigkeiten, sich nicht genügen
Fettleibigkeit	zu sensibel, Probleme und Wut in sich hineinfressen, gestockter Lebens- oder Liebesfluss, Sicherheitspanzer aufgrund von Ängsten
Fieber	Wut und Ängste verbrennen, bevor sie einen verbrennen
Fingerarthrose	sich in einem bestimmten Lebensbereich nicht verstanden/abgelehnt fühlen, Missstände festhalten
Fersensporn	fehlende Standkraft, fehlende innere Sicherheit und fehlender Mut, fehlender innerer Halt

Krankheit/Symptom	Die Botschaft des Körpers
Frauenleiden	Ablehnung der Weiblichkeit
Frigidität	irrtümliche Einstellung zu Sex und Lust, gestörtes Verhältnis zu Männern/zum Vater/emotionale u. schöpferische Abhängigkeit
Gallensteine	konditionierter Hass, Verbitterung, Verwünschungen
Gastritis	schlimme Befürchtungen, Ungewissheit
Gedächtnisschwund	Verweigerung der Eigenverantwortung für sein Leben
Gehirnschlag	Starrsinn, Verweigerung, die Ansichten zu verändern; Weglaufen vor Veränderungsprozessen
Gehirntumor	zerstörerisch, starrsinnig
Gelbsucht	Intoleranz, Verurteilungen
Gereiztheit	innere Anspannung aus Angst vor Neuem, Angst vor ungünstigen Ereignissen, Angst vor Versagen, nicht in seiner Mitte sein, im Außen sein
Gerstenkorn	zornige Blicke auf jemanden/auf die Welt werfen, Verurteilung
Geschlechtskrankheiten	Selbstbestrafung wegen sexueller Schuldgefühle
Gicht	festgehaltene Wut (Ohnmacht), dadurch Anspannung
Gleichgewichtsstörung	nicht in seiner Mitte sein, nicht zentriert sein, nicht in sich sein
Grauer Star	keine Perspektive haben
Grippe	Loslassen angesammelter Anhaftungen und Negativität
Grüner Star	unfähig zu verzeihen, krankhaft verletzt
Gürtelrose	überempfindlich gegen alles und jeden und gegen Kritik
Harnwegserkrankungen	Verbitterung gegen das Leben/gegen Personen
Hautausschlag	Kommunikations- und Kontaktschwierigkeiten, Berührungsängste, sekundärer Gewinn: Abgrenzung

Krankheit/Symptom	Die Botschaft des Körpers
Hämorrhoiden	Wut auf Vergangenes, Wut auf sich selbst wegen alter Fehler
Hepatitis	Selbstzerstörung aus Wut und Rachegedanken
Heroinsucht	Ablehnung des Lebens und von Verantwortung
Herzinfarkt	Herzensentscheidungen und Herzensgefühle aus Angst verweigern; sich für Geld statt Liebe entscheiden, sein Herz verschließen, verhärten, sich unverletzlich machen
Herzanfall	Angst, den Anforderungen nicht zu genügen, überfordert sein
Husten	seinem innersten Gefühl lauthals Ausdruck verleihen wollen, Angst nicht gehört zu werden
Hühnerauge	konditioniertes Festhalten an alten, nicht tauglichen Überzeugungen gegenüber Ahnen/von Ahnen
Hyperventilation	Angst vor ungerechter Behandlung, fehlendes Vertrauen in unkontrollierbare Prozesse, Angst vor fehlender Kontrolle
Impotenz	sexueller Leistungsdruck, rationale Sexualität, unterdrückte sexuelle Gefühle und Energien, unterdrückte bzw. demontierte Schöpferkraft/Mannsein
Infektionen	überlaufende Wut
Inkontinenz	über Jahre hinweg zurück gehaltene Gefühle und Schöpfungskraft können nicht mehr gehalten werden
Ischias	materielle Existenzangst und fehlende innere Kraft/Mut
Kinder, schwer krank	Wenn kleine Kinder bereits von schweren Krankheiten heimgesucht werden, sind dies vererbte Angelegenheiten bzw. der Ausdruck konditionierter Themen der Vorfahren. Die Krankheit ist eine Botschaft an die Eltern und das Umfeld.
Kinderkrankheiten	Lösen von kindlichen Vorstellungen, Teil des Reifeprozesses
Kinderlähmung	sich vernachlässigt fühlen; erstarrt, aus Angst nicht zu genügen; Schrei nach Aufmerksamkeit

Krankheit/Symptom	Die Botschaft des Körpers
Knochenbruch	radikaler Bruch mit einer Vorstellung, die ein Grundpfeiler seines Dasein darstellte, gebrochen werden
Kolik	die Konditionierung des dem jeweiligen Organ zugeordneten Themas schreit nach Auflösung, nach Erlösung
Kokainsucht	Ungeduld, Angst zu versagen, Angst zu kurz zu kommen, Kontrolle
Kopfschmerzen	mit dem Verstand nicht lösbares Problem
Krampfadern	Unzufriedenheit mit der Situation, Gefühl der Überforderung, keine Lust, so weiter zu machen, Standpunkt im Leben/in der Familie, fehlender innerer Halt
Krebs	lang aufgestaute, lebensfeindliche Betrachtung einer Angelegenheit, die stark konditioniert ist und nicht als lebensfeindlich erkannt wird. »Lieber sterbe ich, als dass ich meine Einstellung ändere ...«
Kropf	Selbstschutz vor Attacken der Außenwelt, fehlende Abgrenzung
Lähmung	lähmende Gedanken, das Leben stockt, das Leben/der Körper werden abgelehnt
Leukämie	sich selbst die Lebensfreude und den Lebensfluss nehmen; (bei Kindern vererbte Themen, die von Generation zu Generation weiter gegeben werden und sich verstärken oder als Hilfe für die Eltern und das Umfeld)
Lungenentzündung	fehlender Lebenswille, man verzweifelt am Leben
Lungenkrebs	fehlendes Freiheitsgefühl, völlige Unfreiheit
Lymphknotenkrebs	Aufopferung, keine eigenen Intentionen im Leben haben, geopfert/benutzt werden, fehlende Selbstbestimmung
Lymphstauungen	der Lauf des Lebens ist ins Stocken geraten
Magengeschwür	Selbstzweifel, mangelndes Selbstwertgefühl, Angst zu versagen, Angst vor Neuem, unterdrückte Emotionen
Magersucht	Verzweiflung, Hass gegen sich selbst, keine Problemlösungen in Sicht

Krankheit/Symptom	Die Botschaft des Körpers
Mandelentzündung	zu lange den Mund gehalten, alles geschluckt und nichts gesagt, aufgestaute Wut explodiert
Menstruationsbeschwerden	unausgeglichenes Verhältnis zur Weiblichkeit, zur Sexualität, zum Zyklus
Migräne	alles mit dem Verstand lösen wollen; zu angespannt, so dass keine Inspiration erfolgen kann
Multiple Sklerose	emotionaler Schock, verschlossenes Herz, übertrieben hart, mental stark, Bezug zum Körper verloren
Mundgeruch	negative Verarbeitung/Interpretation von Erlebnissen; Angst, (vom Leben) bestraft zu werden
Myom	Festhalten einer emotionalen Verletzung
Nabelschnur um Hals (bei der Geburt)	Angst vor dem Leben, belastete Beziehung zur Mutter, im späteren Leben Neigung zu Selbstmitleid
Nasenbeinbruch	gravierende Fehleinschätzung des Selbst
Nasenbluten	sich vernachlässigt fühlen, die Lebensfreude fließt ab
Nase trieft	Selbstmitleid
Nase verstopft	die Nase voll haben, Schrei nach Veränderung
Nägelkauen	natürliche Aggressivität wurde genommen (oft von Elternteil), sinkender (Über-)Lebenswille
Nebenhöhlen	die Nase voll haben von jemandem oder von etwas, den oder das man nicht loslassen kann
Nervenschmerzen	massive Aufforderung zur Veränderung: »Ich halte es nicht mehr aus!«
Nervenzusammenbruch	Selbstmitleid, Egozentrik
Nervosität	fehlender Zugang zu sich selbst, fehlendes Selbstvertrauen, nicht in seiner Mitte sein
Nierensteine	nicht verziehene Enttäuschung

Krankheit/Symptom	Die Botschaft des Körpers
Nikotinsucht	Ablehnung der eigenen Gefühle, Suche nach großen Gefühlen, nach Freiheit; Unfähigkeit, die Möglichkeiten des Lebens zu nutzen, Angst, sich ins Leben zu stürzen und vor emotionalen Enttäuschungen
Ohnmacht	sich überfordert und ohne eigene Macht fühlen
Ohrensausen	verbohrt sein, die innere Wahrnehmung ablehnen
Osteoporose	das Gerüst (die Weltanschauung) der eigenen Existenz bröckelt in sich zusammen, löst sich auf, ist nicht mehr zu halten
Parkinson	alles kontrollieren wollen, Angst, das Leben (unkontrolliert) fließen zu lassen
Parodontose	Lebenswille ist verloren gegangen, Angst, sich nicht durchbeißen zu können, Existenzangst
Pseudo-Krupp	nicht auf diese Welt kommen wollen, Angst vor dem Leben
Quetschungen	sich in einer Zwickmühle sehen, »Wo ist der Ausweg?« Selbstbestrafung
Rheuma	Festhalten zahlreicher alter Wunden und Verletzungen, chronische Anspannung, Aufmerksamkeit nach außen verlagern
Ruhr	Todesangst und Wut, Aussichtslosigkeit
Schlaflosigkeit	Erlebnisse werden negativ verarbeitet, interpretiert; Angst (vom Leben) bestraft zu werden, kein Selbstvertrauen, kein Vertrauen ins Leben
Schlaganfall	starrsinnig, stur, stetiges Fortführen alter Gewohnheiten, obwohl längst Veränderungen anstehen (der Schlag auf den Hinterkopf – vom Leben selbst)
Schmerzen	vor einem Konflikt weglaufen, davon ablenken, nicht hinsehen wollen
Schnitte	emotionale Einschnitte, Aufforderung, auf sich selbst zu sehen

Krankheit/Symptom	Die Botschaft des Körpers
Schwindelanfälle	Aufforderung, die Aufmerksamkeit nach innen zu richten, sein Gleichgewicht und inneren Halt zu suchen
Sehnenscheidenentzündung	ein Wunsch oder eine Sehnsucht will sich verabschieden oder Realität werden, aber der Verstand bzw. das Ego blockieren
Senilität	Eigenverantwortung wird abgegeben, verantwortungsmüde
Sodbrennen	es stößt einem etwas sehr sauer auf
Spielsucht	Angst zu versagen, es anderen und sich selbst beweisen wollen
Steifer Hals	sture Uneinsichtigkeit
Stottern	fehlendes Selbstvertrauen, auf der Suche nach den eigenen – scheinbar fehlenden, noch nicht entdeckten – Stärken
Suizid	fehlende Eigenverantwortung, Selbstmitleid, verwirrte Weltanschauung, Gefühl, vom Leben alleingelassen zu sein
Suchtkrank	Flucht vor der Realität
Taub	starrköpfig und gefühlskalt, Abschirmung von außen
Tinnitus	Ablehnung der inneren Stimme, total im Außen
Tobsucht	fehlendes Selbstbewusstsein, Selbsterkenntnis, stark verletztes Ego, unerbittliche Wut aus Ohnmacht und Enttäuschung
Tränensäcke	Festhalten am Vergangenen, Stagnation des Lebensflusses
Tumor	festgehaltene Verletzungen, Ängste und Schocks
Unfall	Aggressionen, gewalttätig, wütend; Angst vor der Zukunft; sich selbst ausbremsen und lahm legen
Übelkeit	Selbstgerechtigkeit, starres Ego, Machtverlust
Überaktiv	vor sich selbst weglaufen, sich unter Druck setzen

Krankheit/Symptom	Die Botschaft des Körpers
Übergewicht	Probleme in sich »hineinfressen«, Essen als Liebesersatz, als Schutzschild und um Emotionen zu betäuben
Verbrennen	wutentbrannt (über andere)
Verletzungen	Schuldgefühle, Selbstbestrafung
Verspannungen	festhalten, permanent unter Spannung stehen, Erfolgsdruck, Angst
Verstauchung	Selbstbestrafung, sich bremsen (aufhalten) wollen
Versteifung	verlorene Flexibilität in einem Bereich, totale Erstarrung, geistige Unbeweglichkeit
Verstopfung	materieller Geiz, Steckenbleiben in den Emotionen (kein Voranschreiten)
Wahnsinn	vor der Verantwortung weglaufen
Warzen	Ausdruck von Groll gegen jemanden
Wechseljahrprobleme	Ablehnung des Alters, Angst vor Vergänglichkeit des Lebens/der Schönheit
Wunden	Wut und Schuldgefühle
Zahnverfärbung	Verletzlichkeit, Überempfindlichkeit, Selbstmitleid
Zuckungen	Anhaftungen/festgehaltene Energien rütteln an einem, wollen befreit werden

Die Mentale Resonanz Methode zur Lösung körperlicher Disharmonien

Ich habe beobachtet, dass eine Krankheit immer wieder auftaucht, solange sich emotionale Muster in dem fraglichen Bereich befinden. Die endgültige Lösung haben wir also erst dann, wenn wir an das emotionale Muster herankommen.

Deshalb entstand die Idee, die Mentale Resonanz Methode so zu erweitern, dass wir auch auf körperlicher Ebene Disharmonien lösen können. Das funktioniert am leichtesten, wenn ich ein körperliches Symptom in Form eines Schmerzes lokalisieren kann. Wenn ich mich im Alpha-Zustand lange genug auf den Schmerz konzentriere, taucht irgendwann die Emotion auf, die hinter dem körperlichen Schmerz steckt. Wir fokussieren also so lange auf einen Punkt, bis unsere Konzentration ins Weite fällt. Das ist beispielsweise bei Tagträumen der Fall. Dieser Bewusstseinszustand wird als Delta-Zustand bezeichnet. In dem Augenblick, in dem wir vom Alpha- in den Delta-Zustand wechseln, wird die Emotion hinter dem Schmerz frei.

Dann kann ich mit der Mentalen Resonanz Methode arbeiten. Ich gehe mit der Aufmerksamkeit auf das Gefühl und stelle die bekannten Fragen. Löse ich das Muster, verschwindet das Krankheitssymptom, manchmal binnen Minuten, manchmal braucht es mehrere Tage.

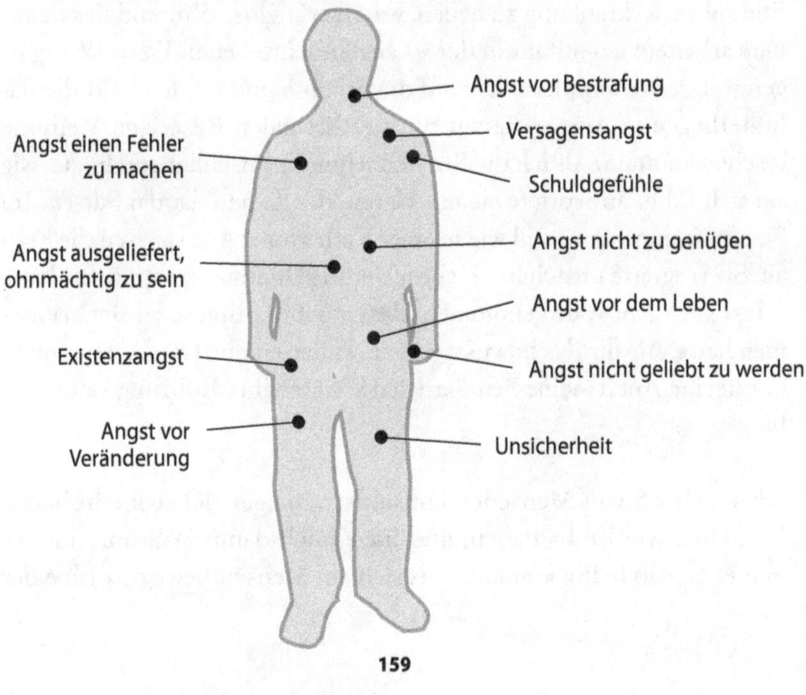

Fallbeispiele

Ich bin kein Arzt, und meine Arbeit ersetzt deshalb weder einen Arztbesuch noch eine Therapie. Ich setze mich aber seit vielen Jahren sehr intensiv mit dem Leben und seiner Funktionsweise auseinander und kann Ihnen zeigen, wie Sie alte Verhaltens- und Reaktionsmuster lösen, die meist durch lange zurückliegende Kränkungen und seelische Verletzungen entstanden sind. In der Folge verschwinden sehr oft auch die chronischen Schmerzen und Beschwerden, wie die folgenden Beispiele zeigen.

In einem meiner Seminare lernte ich eine Bankangestellte kennen, die für die Ausbildung von Lehrlingen zuständig ist. Ihre Kompetenz wurde häufig in Abrede gestellt, weil die Frau unter dem Verlust ihrer Stimme litt. Statt klarer Worte brachte sie nur leise, fast piepsende Töne heraus. Alle schulmedizinischen Maßnahmen, um ihre angebliche Stimmbanderkrankung zu heilen, waren erfolglos. Während des Seminars arbeitete ich mit ihr in der soeben beschriebenen Weise. Wir gingen mit der Aufmerksamkeit auf die Stimme und fanden bald die dahinterliegende Angst, die wir mit der Mentalen Resonanz Methode löschen konnten. Als ich die Kursteilnehmerin anschließend fragte, wie sie sich fühlt, antwortete sie mit klaren, deutlichen, lauten Sätzen. Im Seminarraum war es still wie in einer Kathedrale. Alle starrten die Frau an. Sie reagierte unsicher: »Habe ich etwas Dummes gesagt?« Sie hatte selbst gar nicht wahrgenommen, dass sie ihre Stimme zurückbekommen hatte. Als ihr das bewusst wurde, kullerten die Tränen, aber nicht nur bei ihr. Auch meine Seminaristen konnten ihre Rührung kaum verbergen.

Ich werde oft von Menschen konsultiert, die eine lebensbedrohliche Krankheit wie Krebs haben, und frage mich dann: »Warum muss es immer erst so heftig kommen, bis sich ein Mensch bewegt?« Eine der

Antworten lautet: »Weil wir falsche Glaubenssätze zum Thema Krankheit abgespeichert haben.«

Die meisten Kranken haben sich ein eigenes – aus ihrer Sicht schlüssiges – Erklärungssystem für die Entstehung ihrer Krankheit geschaffen, von dem sie sich nicht so rasch lösen können. Dabei spielt die Mär von der »Vererbbarkeit« von Krankheiten eine große Rolle: Eine Klientin klagte über schwere, schmerzende Beine und eine Neigung zu Krampfadern, die sie »von ihrem Vater geerbt« habe. Mit anderen Worten: »Ich kann es nicht ändern. Ich habe es schon von meinem Vater übernommen. Es liegt halt in der Familie.« Derlei Erklärungen beachte ich üblicherweise gar nicht. Statt zu diskutieren, konzentrierten wir uns auf die Anspannung in den Beinen, die sich schwer wie Blei anfühlten. In dieser Konzentration »erinnerte« sich der Körper und legte das ursächliche Gefühl frei: die Angst vor Gefahr, verbunden mit einer Schockstarre, die jede Flucht unmöglich macht. Wir konnten die Angst und die Schockstarre, die die Kundin in ihren Waden festgehalten hatte, mit der Mentalen Resonanz Methode lösen und damit die körperlichen Symptome beseitigen. Die Kundin konnte sich plötzlich sogar an die traumatische Situation in ihrer Kindheit erinnern, die für die späteren Beschwerden ursächlich war.

Es kann gut sein, dass auch der Vater dieser Dame unter Krampfadern litt. Aber was heißt das? Das heißt nur, dass er auch die Neigung hatte, Ängste in den Beinen festzuhalten, und diese Art des Umgangs mit der Angst auf seine Tochter übertragen hat. In der Psychologie spricht man auch von »Symptomkopie«. Etwas zu erben heißt nicht, es nicht verändern zu können. Wenn Sie ein Haus erben, können Sie es ohne Veränderungen übernehmen, Sie können es umbauen und Sie können sich davon trennen. Sie haben die Wahl. Bei Krankheiten ist es ebenso.

Ich komme noch einmal auf den Zellbiologen Bruce Lipton zurück, der in seinem faszinierenden Buch *Intelligente Zellen – Der Geist ist stärker als die Gene* beschreibt, dass nicht die Gene den Menschen, sondern der Mensch seine Gene prägt. Er zeigt ein Bild von zwei Mäusen, die genetisch exakt identisch sind, aber dennoch nicht nur unterschiedlich aussehen, sondern sich auch dahingehend unterscheiden, dass eine Maus Diabetes hat, während die andere gesund ist.

Lipton weist nach, dass sich nur fünf Prozent der schweren Krankheiten wie Krebs, Herz- und Kreislauferkrankungen oder auch Diabetes auf erbliche Anlagen zurückführen lassen. Sein Fazit: »Die Überzeugung, wir seien störanfällige biochemische Maschinen, die durch unsere Gene gesteuert werden, weicht der Erkenntnis, dass wir machtvolle Erschaffer unseres eigenen Lebens und unserer Welt sind.«

Es dauerte eine Weile, bis sich die Krampfadern bei meiner Klientin zurückgebildet hatten. Sind die Blockaden gelöst, arbeiten die Selbstheilungskräfte des Körpers in ihrem natürlichen Tempo.

In einem Tagesseminar meldete sich ein Mann zu Wort, der seit drei Jahren unter starken Rückenschmerzen litt. Meiner Arbeit gegenüber war er sehr skeptisch. Er war auf Drängen seiner Frau zum Seminar gekommen. Als er seine Krankheitsgeschichte schilderte, konnte ich ihn ermuntern: »Ich denke, das bekommen wir hin.« »Wenn Sie mir helfen können«, sagte er, »dann ziehe ich den Hut vor Ihnen.« Schade, dass er keinen Hut dabei hatte, so konnte er seinen Teil der Abmachung nicht einhalten, nachdem er mit meiner Unterstützung seine Muster lösen konnte und der Schmerz binnen weniger Minuten verschwunden war.

Bitte beachten Sie:
Selbstverständlich gibt es Krankheiten, deren Ursachen außerhalb unserer Psyche liegen. Der Bergmann, der 30 Jahre unter Tage gearbeitet hat und unter einer Staublunge leidet, der Raucher mit chronischem Husten, der stark Übergewichtige mit Herzproblemen, der Fußballer mit einem Meniskusschaden – sie alle erzielen keine Erfolge durch die Mentale Resonanz Methode.

Wenn eine chronische Krankheit schon sehr lange währt, heißt das aber nicht, dass man die Selbstheilungskräfte nicht mit der Mentalen Resonanz Methode aktivieren kann. Selbst wenn ein Arzt einen Patienten als austherapiert einstuft und sagt: »Damit müssen Sie leben«, sollte er sich damit nicht abfinden, wie folgendes Beispiel zeigt:

Eine Freundin rief mich unlängst an und sagte: »Ralf, ich schicke dir meinen Gärtner!« »Wieso deinen Gärtner? Ich wusste gar nicht, dass du einen hast. Es ist nett, dass du dir Gedanken über unseren Garten machst«, antwortete ich.

»Ich hatte nicht vor, dir jemanden zum Unkrautjäten zu schicken«, erwiderte die Freundin, »der Mann leidet seit 30 Jahren unter Migräne und Bluthochdruck. Nun hat er auch noch in beiden Beinen eine Thrombose bekommen. Deshalb kommt er zu dir.«

Eines Tages stand ein gut gelaunter Mittvierziger vor mir. Kaum vorstellbar, dass er unter derart starker Migräne litt, dass er an 20 von 30 Tagen starke Schmerzmittel schluckte und ein bis zwei Mal im Monat sogar ärztlich mit Morphium versorgt wurde. Gegen den Bluthochdruck musste er ebenfalls täglich Medikamente einnehmen. Im Gespräch stellte sich heraus, dass die Thrombose erst zwei Wochen zuvor in einer Uniklinik diagnostiziert worden war. Die Blutproben sprachen eine deutliche Sprache. Um seine Leiden zu lindern, hatte er schulmedizinisch nichts unversucht gelassen. Ohne Erfolg. Nun stand er voller Erwartungen, aber auch voller Vertrauen und Zuversicht in meinem Büro.

Wir fanden mehrere Muster und verdrängte Emotionen hinter seinen Krankheitssymptomen. Schon in der ersten Sitzung konnten wir zwei Muster lösen, in der zweiten Sitzung abermals zwei und in der dritten Sitzung gleich vier Muster. Ich riet dem Mann, die Mentale Resonanz Methode zu erlernen, um sich schon bei kleinsten Anzeichen von Kopfschmerz selbst helfen zu können. Diesen Rat hat er befolgt. Nach kurzer Zeit war der Gärtner frei von Migräneanfällen. Die Tabletten liegen unberührt in der Schublade, der Notarzt mit der Morphiumspritze braucht nicht mehr gerufen zu werden. Wer jemals Migräne hatte, weiß, was das für den Betroffenen bedeutet. Es bedeutet mehr Leben, denn die Zeiträume, in denen der Kopfschmerz regiert, sind verlorene Lebenszeit. Niemand kann unter Migräneattacken lachen, essen, arbeiten, lesen oder ein Gespräch führen. Selbst wenn der Schmerz nicht aktiv ist, sitzt dem Kranken die Angst vor dem nächsten Anfall im Nacken und mindert seine Lebensqualität. Die Blutdruck senkenden Mittel konnte der Gärtner zunächst um zwei Drittel der Menge reduzieren und später ebenfalls ganz absetzen. So ganz nebenbei speckte er zehn Kilo ab, ohne seine Ernährungsgewohnheiten zu verändern.

Wenige Tage nach unserer letzten Sitzung ließ er sich in der Uniklinik wegen seiner Thrombose neuerlich Blut abnehmen. Wie mir berichtet wurde, war der behandelnde Arzt völlig baff, als er dem mindestens ebenso erstaunten Gärtner mitteilte, die Thrombose sei verschwunden. Sie sei schlicht und einfach nicht mehr nachweisbar.

Die anderen sind schuld!

Wir alle neigen dazu, die Ursache unserer Unzufriedenheit in unserem Umfeld oder in unseren Lebensumständen zu suchen. »Wenn mein Mann mehr Verständnis für mich hätte, gäbe es gar keine Probleme.« »Wenn meine Tochter einsehen würde, dass ich nun mal ein ängstlicher Mensch bin und mehr Rücksicht darauf nehmen würde, müsste ich nicht nächtelang aus Sorge um sie wach liegen.« »Wenn mein Arbeitskollege sich nicht immer in den Mittelpunkt drängen würde, gäbe es auch keinen Streit zwischen uns.« »Wenn meine Frau endlich kapieren würde, dass mir ihre übertriebene Fürsorge auf die Nerven geht, würde ich mich auch nicht immer im Ton vergreifen.« »Wenn meine Eltern toleranter wären, hätten wir gar nicht ständig diese Auseinandersetzungen.« So oder ähnlich äußern sich viele meine Klienten.

Verändern wir uns, verändert sich die Welt

Sie können nicht verlangen oder gar erzwingen, dass ein Mensch sich so verhält, wie Sie es gerne möchten. Sie haben keinerlei Anspruch darauf, dass er Ihre innersten Wünsche befriedigt oder Sie aus Ihrer Angst befreit. Sie können einen anderen Menschen nicht nach Ihren Vorstellungen formen. Sie können nur sich selbst verändern, und dann wird man sehen, welche Auswirkungen Ihre Veränderung auf Ihre Bezugspersonen haben wird.

Eine meiner Kundinnen hatte zeitlebens ein miserables Verhältnis zu ihrer Mutter. »Sie meckert ständig an mir herum, nichts ist gut genug. Immer diese ausgesprochenen oder unausgesprochenen Vorwürfe«, klagte sie. Als die Klientin ihre Muster gelöst hatte, tropften die

Vorhaltungen der Mutter an ihr ab wie Wasser an einer imprägnierten Wand. Und siehe da: Weil die Kundin nicht mehr mit den Vorwürfen der Mutter in Resonanz ging, veränderte die Mutter ihr Verhalten. Sie unterließ es fortan, ihrer Tochter mit Vorhaltungen und Forderungen zu begegnen. Stattdessen bat sie höflich, wenn sie einen Wunsch hatte, und bedankte sich, wenn ihre Tochter ihr einen Gefallen erwies. Warum ist das so?

Unsere Realität spiegelt uns, wer wir sind. Verändern wir uns, verändert sich unser Spiegelbild. So einfach ist es und doch so schwer.

Ich weiß selbst, wie verlockend es ist, über das vermeintlich falsche Verhalten Dritter zu lamentieren und sich als Opfer selbst zu bemitleiden, statt die Verletzung oder den Schmerz als Aufforderung zu verstehen, an sich selbst zu arbeiten.

Die Ausprägung der Veränderung lässt sich nicht vorhersagen

Wenn wir uns dieser Herausforderung des eigenen inneren Wachstums stellen, heißt das aber nicht, dass sich danach alle Personen in unserem Umfeld so wandeln, wie wir uns das wünschen.

Die Verhältnisse sortieren sich neu. Wie sie sich sortieren, das lässt sich nicht vorhersagen. Möglicherweise werden die Beziehungen zu Ihren nächsten Angehörigen und engsten Freunden tiefer und enger, weil störende Faktoren beseitigt werden konnten. Es kann aber auch sein, dass Sie auf den einen oder anderen Kontakt gar keinen Wert mehr legen, weil die verkorkste Beziehung nur dazu diente, wechselseitig Ihre Muster zu leben. Höchstwahrscheinlich werden Sie neue, inspirierende Bekanntschaften schließen oder neue Verbindungen im Berufsleben knüpfen.

Ihre veränderte Ausstrahlung zieht andere Menschen an, als Sie es bisher gewohnt waren. Dabei werden Sie natürlich nicht die Grundzüge Ihrer Persönlichkeit einbüßen, ganz im Gegenteil. Sie werden sich von allem befreien, was nicht wirklich zu Ihnen gehört.

Mit anderen Worten: Sie werden Ihr ureigenes Potenzial erschließen, freilegen, sichtbar und verfügbar machen. Sie sind authentischer, selbstbestimmter und selbstbewusster als zuvor. Deshalb sind Sie glücklicher.

Meine Frau Jutta berät Frauen, die sich als Geliebte eines verheirateten Mannes in eine für sie vollkommen unbefriedigende Lebenssituation begeben haben. Zunächst wollen diese Frauen unbedingt den Mann ändern, so dass er sich aus seiner Ehe löst und sich zur neuen Partnerschaft bekennt. Wenn das nicht funktioniert, und es funktioniert häufig nicht, denn niemand kann einen anderen Menschen gegen seine Absicht und ohne seine tätige Mitwirkung verändern, möchten sie mit Hilfe der Mentalen Resonanz Methode sich selbst so verändern, dass sie nicht mehr unter der Situation leiden, sondern diese mit Gleichmut und Gelassenheit erleben. Sie wollen den Geliebten behalten, aber es soll nicht mehr so wehtun. Sie wollen das Ergebnis der inneren Veränderung vorwegnehmen. Auch das geht nicht.

Tatsächlich gibt es drei Möglichkeiten, wenn diese Frauen konsequent mit der Mentalen Resonanz Methode arbeiten: Entweder sie kommen so sehr in ihre Mitte und ihre Kraft und werden dadurch so autark und dadurch wiederum so attraktiv, dass der Partner eine ungeheure Anziehung verspürt, die schließlich zur Trennung von seiner Ehefrau und zur Hinwendung zur Geliebten führt. Oder die Frau entscheidet sich aus freien Stücken, weiterhin als heimliche Geliebte an der Seite des Mannes zu bleiben, leidet aber nicht mehr darunter. Oder sie beendet von sich aus die heimliche Beziehung, weil sie den Partner plötzlich gar nicht mehr will. Mit ihm hat sie ihre destruktiven emotionalen Muster gelebt. Häufig handelt es sich um Abhängigkeitsmuster. Ohne diese Muster »braucht« sie ihn nicht mehr. Sie erkennt, dass sie eigentlich etwas ganz anderes will. In dem Maße, in dem sie *alte* Verletzungen, Muster und Glaubenssätze löschen kann, wird sie immun gegen eine Beziehung, in der sie dauerhaft die zweite Geige spielt. Was sich im Einzelfall ergibt, kann niemand vorhersagen, geschweige denn vorherbestimmen.

Wir leben in vergangenen Erfahrungen

Es sind nicht die Ereignisse der Gegenwart, die uns zu schaffen machen und uns in Situationen bringen, in denen wir uns selbst nicht mehr verstehen. Es sind die Verletzungen aus der Vergangenheit, die wir in die Gegenwart projizieren, so dass sie uns jetzt im Wege stehen. Weil wir in der Vergangenheit getäuscht oder gekränkt wurden, können wir uns heute nicht mehr voll und ganz auf jemanden einlassen. Weil wir in der Vergangenheit abgelehnt oder zurückgewiesen wurden, schützen wir uns jetzt mit einer Mauer der Unverletzlichkeit vor Menschen, die in unser Innerstes eindringen wollen. Weil wir in der Vergangenheit die Erfahrung gemacht haben, nicht liebenswert, nicht gut genug, nicht wertvoll zu sein, sind wir heute abhängig vom fortwährenden Zuspruch anderer Menschen. Unsere heutigen Bezugspersonen rufen in Erinnerung, was wir weit vor ihrer Zeit erlitten haben. Die Angst von gestern legt sich wie ein Schatten über das Heute. Schlimmstenfalls inszenieren wir auf der Bühne unseres Lebens immer wieder dasselbe Theaterstück. Wir tauschen nur die Darsteller aus.

Wir ziehen so lange das wiederkehrende Problem in unser Leben, bis wir uns ihm gestellt und es in seiner Substanz gelöst haben, und damit meine ich: bis wir es in unserem Inneren, auf emotionaler Basis, gelöst haben.

Der »andere«, dem wir die Schuld für unsere Situation geben, erinnert uns nur daran, dass es noch etwas zu tun gibt. Er ist nicht unser Feind oder unser Widersacher, sondern unser Mahner.

Ich selbst habe jahrelang in dem Zustand festgesteckt, zu glauben, dass alle anderen die Schuld an meinem Schicksal tragen. Dem kapitalistischen System gab ich die Schuld für meine miserable finanzielle Situation, meine Unfreiheiten und Abhängigkeiten. An meinem Misserfolg waren nach meiner Auffassung all die Menschen schuld, die mich nicht erkannten und nicht förderten, die Lehrer dafür, dass ich kein Abitur gemacht habe, meine Arbeitgeber dafür, dass meine berufliche Laufbahn immer wieder ins Stocken geriet. Für meine gescheiterte Ehe trug allein meine damalige Frau die Verantwortung. Ich fand immer einen Schuldigen. Was hat es genützt? Nichts! Die Fehler stets bei anderen zu finden, ist in unserer Gesellschaft geradezu ein Volkssport geworden. Wir sorgen dafür, dass wir unsere Aufmerksamkeit nicht auf unsere eigenen Defizite richten müssen.

Diese Betrachtung führt unweigerlich in eine Sackgasse und in völlige Isolation. Ich habe mich auf diese Weise selbst zu einem Sozialfall gemacht.

> *»Man gibt immer den Verhältnissen die Schuld für das, was man hat. Ich glaube nicht an die Verhältnisse. Diejenigen, die in der Welt vorankommen, gehen hin und suchen die Verhältnisse, die sie haben wollen, und wenn sie sie nicht finden können, dann schaffen sie sie selbst.«*
> George Bernard Shaw, englischer Dramatiker

Kennen Sie den Film *Und täglich grüßt das Murmeltier*? Der egozentrische Wetteransager Phil Connors sitzt in einer Zeitschleife fest. Er durchlebt albtraumhaft wieder und wieder denselben Tag, an dem er versucht, andere Menschen dazu zu bringen, ihm seine Wünsche zu erfüllen, was gründlich misslingt. Erst als er beginnt, sich selbst zu einem besseren Menschen zu entwickeln, indem er die Tage für eine Art Selbsterziehung nutzt, kann er den Teufelskreis der Wiederkehr des ewig Selben durchbrechen.

Wenn ich mich dabei ertappe, dass ich wieder einmal über meine eigenen Füße stolpere und mir etwas Negatives widerfährt, was ich so oder so ähnlich schon einmal erlebt habe, oder wenn ich mich dabei ertappe, dass ich anderen die Schuld zuweise, entscheide ich sofort, mich aus der Schleife zu lösen, das negative Gefühl hinter dem Ereignis wahrzunehmen, es zu lokalisieren und mit der Mentalen Resonanz Methode zu löschen.

Was mein Partner mir über mich verrät

Ist es Zufall oder Glück, wenn ich den Partner finde, der wirklich zu mir passt und dem ich in tiefer Liebe verbunden bin? Oder kann ich selbst durch das, was ich in meinem Inneren bin, dafür sorgen, dass ein solcher Mensch in mein Leben tritt und dort bleibt?

Die Partnerschaft als Plattform für Entwicklung

Warum verliebe ich mich? Welchen Regeln folgt die Partnerwahl? Die Idee der Evolution ist, dass sich die Menschheit insgesamt, aber auch jeder einzelne Mensch, ständig weiterentwickelt. Der Mensch soll wachsen. Während seines gesamten Lebens ist der Mensch bemüht, möglichst viele seiner Potenziale freizulegen. Das Unterbewusstsein sucht jemanden, der mir dabei hilft. Ich verliebe mich deshalb in die Potenziale und inneren Werte eines Menschen, die ich selbst noch nicht entwickeln konnte. Die Potenziale und Werte des anderen sind wie starke Magnete, die mich zu einem Menschen hinziehen, die ihn begehrenswert und attraktiv machen. Oder aber ich verliebe mich in einen Menschen, der dieselben Muster bzw. das jeweilige Gegenstück zu meinen Mustern lebt, weil mein Unterbewusstsein spürt, dass wir miteinander und aneinander wachsen können. Gemeinsam können wir uns aus unseren emotionalen Begrenzungen und Verstrickungen befreien. Im Regelfall spielen beide Aspekte eine Rolle: die Potenziale des anderen und seine Muster.

Im Laufe der Beziehung zeigt sich, ob die Rechnung aufgeht: Lerne ich an den Potenzialen meines Partners? Gelingt es uns, unsere Probleme als Chancen zu begreifen, um uns miteinander weiterzuentwickeln? Scheitern wir an dieser Herausforderung, dann wirken die Potenziale und die Muster meines Partners wie ein Stachel, der immer meine schwächste Stelle trifft, was unweigerlich zu negativen Gefühlen führt. Wenn ich in dieser Lage kein Handwerkszeug wie die Mentale Resonanz Methode zur Verfügung habe, sondern in gewohnter Weise verfahre und die Schuld für meine negativen Gefühle am Partner festmache, wandelt sich meine anfängliche Verliebtheit in Entfremdung oder sogar in zerstörerische Emotionen.

Unbewusst suchen wir also nach einem Partner, der uns auf die eine oder andere Weise unsere Defizite spiegelt und zum Motor für unser Wachstum wird. Die Partnerschaft ist eine wunderschöne Plattform für persönliche Entwicklung. Sie haben die Chance, Verliebtheit in tiefe Liebe zu verwandeln und gleichzeitig sich selbst zu finden. Es liegt an Ihnen.

Ob wir eine glückliche, liebevolle, harmonische Partnerschaft führen, hängt zuallererst von uns selbst ab, denn auch in diesem Lebensbereich erschaffen wir unsere Realität durch unsere Gedanken und unsere Gefühle.

Was unser Partner uns spiegelt

Wenn Jutta geweint hat, bin ich früher immer richtig wütend geworden. In unserer schweren Zeit hatte sie oftmals Grund zu weinen. Erstens benahm ich mich damals häufig unmöglich und zweitens weinte sie wegen der Schulden, die uns über den Kopf wuchsen. Jedes Mal, wenn ihr die Tränen kamen, rastete ich aus: »Hör auf zu heulen! Das hat mir gerade noch gefehlt!« Jutta verkroch sich dann meistens im Bad. Als ich mein Muster, das ihre Tränen antriggerte, mit der Mentalen Resonanz Methode bearbeiten konnte, erinnerte ich mich an den Tod meines Bruders. Ich war acht Jahre alt, als er verstarb. Meine Mutter hat Tag und Nacht geweint. Ich habe versucht, sie zu trösten, sie aufzuheitern, sie auf andere Gedanken zu bringen. Vergeblich. Ich war ohnmächtig. Wut ist ein Ausdruck von Ohnmacht. So auch bei mir. Sobald jemand weinte, fühlte ich mich ohnmächtig und lebte mein Muster mit einem Wutanfall. Auf die Frage »Was will ich selbst in dieser Situation haben oder sein, was will ich selbst wirklich?« kamen Gefühle von Geborgenheit und Trost an die Oberfläche. Mir fiel auf, dass ich auch meine Kinder nie trösten konnte, dass ich sie in ihrem Kummer allein gelassen hatte. Das ist keine schöne Erkenntnis für einen Vater, glauben Sie mir. Heute ist es anders. Seit ich mein Muster gelöst habe, kann ich nicht nur Tränen ertragen, ich kann auch trösten. Juttas Tränen waren also für mich der Indikator, mich meinem Problem zu stellen, es zu lösen und daran zu wachsen.

Letztens erzählte mir ein Mann, der nach zwei gescheiterten Ehen enttäuscht und verletzt war, dass er sich Frauen gesucht hat, die hilflos, abhängig und zerbrechlich waren. Sie sahen in ihm den »Helden« und »Beschützer«. Das schmeichelte ihm eine Zeitlang. Sobald er aber diesem Erwartungsdruck nicht rund um die Uhr gerecht werden konnte und seine Aufgabe als »Retter« dieser Frauen nicht so erfüllte, wie sie es sich wünschten, wandten sie sich enttäuscht von ihm ab und anderen Männern zu.

Ich konnte ihm im Zuge unserer Arbeit verdeutlichen, dass die Frauen ein Spiegel seiner Defizite waren und zugleich sein Auftrag zu wachsen. In seiner Rolle als Helfer und Beschützer fühlte er sich sicher, weil sie ihm vermeintliche Überlegenheit suggerierte, wo innere Stärke und Selbstwert fehlten. Unbewusst suchte sein Muster stets eine hilfsbedürftige Person, um leben zu können. Für die erwähnten Frauen gilt übrigens spiegelbildlich dasselbe: Sie sind an ihrer Abhängigkeit gescheitert, an der Illusion, ein anderer Mensch könne dauerhaft ihre Defizite ausgleichen. Statt Eigenverantwortung wählten sie die Opferrolle.

Wir wissen jedoch, dass wir für uns selbst verantwortlich sind – auch in einer Liebesbeziehung. Die Vorstellung, dass unser Partner uns vor unserer Angst, unserer Verzweiflung oder unserer Einsamkeit beschützen muss, mag verlockend sein, ebenso wie der Wunsch, er möge, indem er sich klein, abhängig und zerbrechlich zeigt, unser mangelndes Selbstwertgefühl kompensieren. Tatsächlich bürden wir ihm aber eine Last auf, die er niemals tragen kann. Am Ende fühlen sich beide Partner als Verlierer: der Beschützer und das Opfer. Solange es uns nicht gelingt, unsere Muster zu lösen, werden wir immer wieder dieselben partnerschaftlichen Dramen inszenieren. Deshalb heißt es so oft: »Ich gerate immer an die Falschen!« oder »Mit Frauen habe ich einfach kein Glück!« Mit anderen Worten: Obwohl alles in uns rebelliert und unser Verstand sich jede erdenkliche Mühe gibt zu vermeiden, dass sich bestimmte Erfahrungen im Kern wiederholen, geschieht es eben doch. Der Volksmund nennt das dann »Pech«. Pech ist also nichts anderes als ein Muster, das sich wieder und wieder einen Weg sucht, zu leben.

Leben Sie auf Augenhöhe miteinander?

Sehr viele Beziehungen leiden oder zerbrechen nach meiner Beobachtung daran, dass es keine echte Gleichwertigkeit der Partner gibt, keine wirkliche Augenhöhe. Stattdessen regieren Machtkämpfe, Abhängigkeiten, Forderungen, Erwartungen und emotionale Erpressung. Das ist den Beteiligten nicht bewusst, sie drohen nicht verbal und nicht vorsätzlich, sie unterwerfen den Partner nicht wissentlich. Es geht wie immer um Emotionen und Verhaltensmuster.

Eine Klientin, die sich in einen verheirateten Mann verliebt hatte, erkannte im Laufe unserer Arbeit, dass seine Liebe zu ihr an eine Bedingung geknüpft war, nämlich an die Bedingung, dass seine Interessen, Vorstellungen und Bedürfnisse grundsätzlich wichtiger waren als ihre, dass seine Forderungen nach Heimlichkeit und Versteckspiel mehr galt als ihre nach Wahrheit, Konsequenz und Offenheit, dass sein Zeitplan die Beziehung bestimmte, seine Probleme und Schwierigkeiten stets im Mittelpunkt standen. Sie hatte sich seinen Regeln unterzuordnen. Das war der Deal. »Als ich meine Muster gelöst hatte, verstand ich, dass sich genau dies, nämlich die an Bedingungen geknüpfte Liebe, wie ein roter Faden durch mein Leben zog«, erzählte sie. »Schon meine Mutter hat sich so verhalten: ›Wenn du gute Noten nach Hause bringst, dann habe ich dich lieb.‹ Es war stets dieselbe emotionale Erpressung: Wenn du tust, was ich sage, dann kommen wir miteinander aus. Wenn du anders bist, als ich es will, dann lasse ich dich spüren, wie enttäuscht oder wie verärgert ich bin. Als Erwachsene konnte ich mir nicht mehr vorstellen, dass meine Wünsche und Bedürfnisse wichtig oder gar berechtigt waren. Mein Muster war, mich aufzugeben und mich vollständig nach anderen zu richten, jedenfalls immer dann, wenn mir an der Zuwendung einer Person sehr gelegen war. Dieses Muster hat mich im Laufe meines Lebens in die unmöglichsten Situationen gebracht. Damit ist jetzt ein für alle Mal Schluss!«

Das Geschenk hinter Partnerschaftsproblemen

Außer der Tatsache, dass unsere Klientin nun ihr bisheriges Partnerschaftsmuster für immer aufgeben konnte, hatte unsere Arbeit einen zweiten großen Nutzen: Die Frau verstand, dass sie zwar von ihrem verheirateten Partner »benutzt« worden war, dass sie ihn aber auch benutzt hatte, um ihre alten Muster zu leben. Durch diese Erkenntnis konnte sie ihn gehen lassen, ohne in Wut und mit Missgunst zurückzublicken.

Ich habe gemeinsam mit meiner Frau Jutta über einen längeren Zeitraum eine Klientin betreut, die immer wieder Männer in ihr Leben zog, die sich nicht hundertprozentig auf eine Beziehung mit ihr einlassen wollten. Schnell wurde klar, dass es sich um das Gesetz der Serie handelt, dass ein wiederkehrendes Muster abläuft. Tief in ihrem Inneren glaubte die Frau, nichts wert zu sein, nicht gut genug zu sein. Sie glaubte, dass es ihr nicht zusteht, eine verbindliche, verlässliche, glückliche, harmonische Partnerschaft zu führen. Selbstverständlich war ihr dieses destruktive Muster nicht bewusst. Es trieb sein zerstörerisches Spiel aus dem Unterbewusstsein. Da wir, wie wir jetzt wissen, stets in unser Leben ziehen, was unserer tiefsten inneren Einstellung entspricht, entschied sich die Frau für Männer, die ihr demonstrierten, was sie ohnehin von sich selbst glaubte, nämlich nicht gut genug zu sein.

Als wir die Muster aufspüren und mit der Mentalen Resonanz Methode lösen konnten, veränderte sich die Lage zum Positiven, weil sich das Schwingungsfeld der Kundin veränderte: Ihre tiefste innere Einstellung war nun, liebenswert zu sein. Schon in der Bibel heißt es: »Liebe deinen Nächsten wie dich selbst!« Den zweiten Teil des Satzes vernachlässigen viel mehr Menschen als wir glauben.

Mein Partner ist mein Spiegel. Er zeigt mir, wer und was ich bin. Er legt den Finger in meine Wunden und ermöglicht mir, diese Wunden zu schließen, indem ich konsequent meine negativen Gefühle aufspüre, beobachte und löse.

Ich bin davon überzeugt, dass eine Partnerschaft im Kern die Aufgabe hat, uns von alten Lasten zu befreien. Der Schlüssel dazu ist die Liebe.

»Erinnert«, heißt der Titel eines Songs der Band *Silly*. Leadsängerin Anna Loos singt es im Duett mit ihrem Ehemann, dem Schauspieler Jan-Josef Liefers. Der Refrain lautet: »Ich danke dir, du hast mich an mich erinnert. Ich und ich war'n einander schon so fremd. Ich komm zu mir, du hast mich an mich erinnert. Ohne dich hätt' die Welt mich überschwemmt.«

Genau darum geht es: dass der Partner uns daran erinnert, wer wir wirklich sind.

Eifersucht und was dahintersteckt

Eines der ganz großen Probleme vieler Partnerschaften ist ein Suchtproblem. Ich spreche nicht von Alkohol oder Tabak, ich spreche von der Eifersucht. Und ich weiß, wovon ich rede! Denn auch ich musste dieses Muster bei mir lösen.

Hinter der Eifersucht steckt der Versuch, jemanden zu kontrollieren oder zu beherrschen, und hinter diesem Kontrollbedürfnis verbirgt sich eine Angst, und zwar die Angst, nicht gut genug zu sein.

Ein selbständiger Geschäftsmann, etwa 40 Jahre alt, erfolgreich und gut aussehend, kam zum Einzeltraining. »Ich bin maßlos eifersüchtig«, gestand er mir, »ich fahre meiner Frau nach, wenn sie einkaufen geht, ich kontrolliere ihr Handy. Sie hat mir immer beigestanden und mir nie Anlass zur Eifersucht gegeben, aber ich bin hilflos gegen dieses Gefühl. Wenn es mich übermannt, bin ich wie gelähmt. Ich kann nicht arbeiten, an nichts anderes denken. Jetzt plant meine Frau einen Skiurlaub mit einigen Freundinnen. Früher hat sie mir zuliebe auf solche Unternehmungen verzichtet, aber jetzt hat sie die Nase voll von meiner Eifersucht. Sie will darauf künftig keine Rücksicht mehr nehmen. Schon beim Gedanken an den bevorstehenden Skiurlaub werde ich verrückt«, erzählte der Ehemann.

»Gut«, unterbrach ich ihn, »das passt ja bestens. Dann denken Sie mal ganz intensiv daran und sagen mir, wo Sie es fühlen.« Es war, als schnürte man dem Mann die Kehle zu. »Was hat das mit mir zu tun, um was geht es eigentlich wirklich?« Es war das Gefühl existenzieller Bedrohung, es fühlte sich an, als trachte ihm jemand nach dem Leben. Dann entstand das Gefühl schier unglaublicher Erniedrigung. Ich begleitete ihn auf dieser emotionalen Höllenfahrt und als wir schließlich zu der Frage übergehen konnten: »Was will ich selbst in dieser Situation haben oder sein, was will ich selbst wirklich?« kam das Potenzial »Vollwertig sein« ans Licht. Es ging also um das Gefühl, als Mensch und Partner vollkommen okay zu sein, vollwertig zu sein.

Das Gefühl, als Person in meinen Fähigkeiten und Eigenschaften nicht zu genügen, kann sich in vielen Lebensbereichen ausdrücken. Einige Menschen leben das Muster im Beruf, beispielsweise durch Neid, andere auf körperlicher Ebene, wieder andere in der Partnerschaft, beispielsweise durch unerfüllte Sexualität, oder eben durch Eifersucht oder sogar in Geldangelegenheiten. Mein Klient berichtete mir einige Wochen später, dass sich sogar seine finanzielle Situation seit dem Besuch bei mir verbessert hatte. Das heißt, er hatte sein Muster nicht nur in seiner Ehe gelebt, sondern auch in finanziellen Angelegenheiten.

Eifersucht entmündigt

Sobald das Eifersuchtsmuster aktiv ist, ist der Betroffene mit seiner ganzen Aufmerksamkeit im Außen und verliert sich. Das Muster sucht sich geradezu Situationen, in denen es sich leben kann. Je öfter das geschieht, umso grotesker sind die Szenen, die sich zwischen Mann und Frau abspielen: die Kontrolle von SMS, das Nachspionieren, wenn der Partner das Haus verlässt, Anrufe am Arbeitsplatz, um festzustellen, ob der Partner tatsächlich länger als üblich gearbeitet hat.

Innerhalb des Musters sucht der Eifersüchtige stets die Erniedrigung in der Hoffnung, der Partner solle ihn erheben und ihn in seine Größe bringen. Tut er das, nützt es aber gar nichts, denn der Eifersüchtige kann dem Partner nicht glauben, dass er ihn begehrenswert und liebenswert findet und nicht im Traum daran denkt, ihn zu betrügen. Der Selbstzweifel siegt immer.

Alle Eifersüchtigen sind sich über ihren Zustand und ihr destruktives Verhalten absolut im Klaren. Ist die Eifersucht nicht aktiv, schämen sie sich für das Theater, das sie aufführen, sobald sie dem Muster verfallen. Sie bereuen die Szenen, die sie dem Partner gemacht haben, und versprechen, sich beim nächsten Mal »zusammenzureißen«. Dieses Versprechen können sie aber niemals halten, denn ihr Muster entmündigt sie in dem Augenblick, in dem es angestoßen wird.

In einem Tagesseminar meldete sich eine Frau zu Wort, die unumwunden zugab, dass sie eifersüchtig sei auf die Frau, die neben ihrem ebenfalls anwesenden Ehemann saß. »Kennen Sie diese Frau?«, wollte ich wissen. »Nein, ich sehe sie zum ersten Mal.« »Was stört Sie an der Dame?« »Dass sie neben meinem Mann sitzt.« »Aber Sie selbst sitzen doch auch neben Ihrem Mann«, erwiderte ich. »Sie sitzen links von ihm und die Dame sitzt rechts und neben der Dame sitzt eine weitere Dame ...« Natürlich weiß ich, dass Argumente in dieser Lage nicht zählen. Ich wollte aber die Gelegenheit nutzen, den anderen Seminarteilnehmern an diesem eindrucksvollen Beispiel klar zu machen, dass die Welt eines jeden Einzelnen so ist, wie er sie wahrnimmt. Er sieht sie durch die Brille seiner Erfahrungen und im Licht seiner Prägungen und Muster.

Die Seminarteilnehmerin konnte ich binnen weniger Minuten von ihrem Muster befreien. Hatte sie zuvor wie eine graue, schüchterne Maus im Schatten ihres Mannes gesessen, so erlebten wir sie jetzt aufrecht, lebendig und froh gelaunt. Sie empfand sogar Sympathie für die Dame, die neben ihrem Mann saß.

Sehnsucht – der heimtückische Gegenspieler der Selbstverwirklichung

»Nur wer die Sehnsucht kennt, weiß, was ich leide«, schrieb Johann Wolfgang von Goethe in seinem Roman *Wilhelm Meisters Lehrjahre*. Der Begriff Sehnsucht stammt vom mittelhochdeutschen »Sensuht« ab. Darunter verstand man die »Krankheit des schmerzlichen Verlangens«, denn sie ist mit dem unguten Gefühl verbunden, den Gegenstand der Sehnsucht nicht erreichen zu können. In der Sehnsucht leben sich die unerfüllten Bedürfnisse. Wenn wir ihnen in der Emotion »Sehnsucht« den Raum geben, sich zu entfalten, machen wir uns selbst etwas vor. Unser Lebenskonzept ist dann, »so zu tun als ob«. Wir träumen uns nach Italien, Spanien oder Portugal, wir träumen uns in die Arme des Partners, den wir nicht haben. Wir malen uns aus, wie es wäre, reich zu sein. Wir verlassen uns und versinken in unserem Traum. Wir begnügen uns mit dem »So tun als ob«-Zustand. Unsere Sehnsüchte halten uns in diesem Zustand fest und hindern uns daran, die Realität zu sehen und den Augenblick zu leben.

Festgefahren im Wunsch

Wie die Eifersucht ist auch die Sehnsucht eine weit verbreitete destruktive Emotion, deren zerstörerische Kraft kaum jemandem bewusst ist. Meine Sehnsucht führte mich jeden Sommer nach Rimini an die italienische Adriaküste. Dieser Urlaubsort zog mich magisch an. Das ging sogar so weit, dass ich täglich mehrfach im Internet nachschaute, wie das Wetter dort ist. Auf meinem Lieblings-T-Shirt steht »Rimini by night« und als es in einem Baumarkt einen Gartentisch namens »Rimini« zu kaufen gab, war ich fast geneigt, zuzuschlagen. Wenn ich ehrlich bin, muss ich gestehen, dass ich dieses Sehnsuchtsmuster, das uns Jahr für Jahr in ein zugegebenermaßen sehr mittelmäßiges Hotel und an einen vollkommen überfüllten Strand geführt hat, erst bei der Arbeit an diesem Buch lösen konnte. In der intensiven Auseinandersetzung mit dem Thema Sehnsucht wurde mir klar: »Halt, stopp, so ticke ich selber ja auch!«

Rimini ist der Ort, an dem meine Eltern ihre großen Emotionen gelebt haben. Einmal im Jahr war Friede, Freude, Eierkuchen, einmal im Jahr waren wir eine glückliche Familie. Ich sehne mich heute in Wahrheit gar nicht nach Rimini, sondern nach der Emotion, die ich damit verbinde. In Rimini blende ich – wie meine Eltern vor 35 Jahren – alles Negative aus. Ich schaffe einen Zustand des Selbstbetrugs, der unmittelbar mit diesem Ort verbunden ist. Der Ort stößt das Muster an. Der Ort ist die Oase meines Traums.

Wer sich stets umschaut, kann nicht voranschreiten. Jedes Jahr nehme ich mir deshalb vor, einmal an einen anderen Ort zu reisen, aber jedes Mal werde ich rückfällig wie ein Süchtiger – ein Sehnsüchtiger. Jutta hat längst keine Lust mehr auf das Hotel mit wenig Komfort und, wie sie stets betont, »mit einer vergammelten Badezimmertür«. Im Grunde entspricht dieser Urlaub schon lange nicht mehr unserer Lebenssituation und unserem Lebensgefühl. Rimini ist wie ein Fotoalbum aus einem vergangenen Leben, das ich immer wieder aufschlage, um in die heile Welt von damals abzutauchen. Die Gefühle, die sich dann einstellen, sind aber gar nicht positiv, denn sie rauben mir Energie für das Hier und Jetzt. Offenbar wurde mir das stets unterschwellig bewusst, denn meistens reisten wir viel früher wieder ab, als wir uns ursprünglich vorgenommen hatten. Denn eigentlich ging es gar nicht um Rimini, sondern um den Wunsch, in Rimini zu sein. Sehen Sie den feinen, aber gravierenden Unterschied? Kaum waren wir wieder zu Hause, erwachten deshalb die Sehnsuchtsgefühle erneut. Ich war wie der Hund, der einer Wurst hinterherläuft, die an einer Leine gezogen wird. Er wird die Wurst nie bekommen.

Wo leben Sie Ihre Sehnsüchte? Von was träumen Sie? Ein Star zu sein? Vom Lottogewinn? Vom Sportwagen oder einer sexuellen Erfahrung?

Eine Kundin erzählte mir, sie hätte eine Beziehung als Sehnsuchtsmuster gelebt. Berufsbedingt konnten sie und ihr Partner sich nur an den Wochenenden sehen. Während der Woche hatte die Kundin stets Sehnsucht nach ihrem Lebensgefährten, sie malte sich aus, wie schön es sein würde, wenn sie am Wochenende gemeinsam frühstücken, spazieren gehen, Radtouren unternehmen oder vor dem Kaminfeuer kuscheln würden. Kam dann das Wochenende, war der Traum schnell ausgeträumt. Sie empfand die gemeinsamen Stunden mehr als Belastung und weniger als Freude. Nicht die Realität war der Kick, sondern die Vorstellung davon. Wenn der Mann sonntags die frischen Hemden in den Koffer packte, war die Kundin fast erleichtert, dass nun wieder der gewohnte Alltag beginnen konnte. Kaum war sie einige Stunden alleine, stellte sich aber die Sehnsucht wieder ein. Das »So tun als ob« war der Kundin zur zweiten Natur geworden. Sie verpulverte ihre Energie in der Sehnsucht, statt sie in die Realität zu investieren. Die Sehnsucht ist der heimtückische Gegenspieler der Selbstverwirklichung.

Gefangen in einer Scheinwelt

Betrachten Sie bitte unter diesem Aspekt einmal ein Massenphänomen wie die Fußballbegeisterung. Der Trainer, die Spieler und der Schiedsrichter verwirklichen sich selbst. Aber was ist mit den Zuschauern? Sie sind die Statisten der Selbstverwirklicher. Viele träumen die ganze Woche vom nächsten Spiel, tauchen in eine Welt ab, in der sie »so tun, als ob« sie Teil des Spiels wären. Das ist der Kick. Sie erlauben sich in ihrer eigenen Realität nicht die sehnlich erwünschten Emotionen, sondern gestatten sie sich nur gemeinsam mit einer starken, schützenden Gruppe im vertrauten Raum des Stadions. Spätestens am Montagmorgen holt die Realität diese Fußballfans wieder ein, eine Realität, der sie sich hilflos ausgeliefert fühlen. Blitzschnell tauchen sie deshalb wieder in die Illusion ein, in die Sehnsucht nach dem nächsten Spiel. Bis Samstag sind es nur noch fünf Tage!

Nichts boomt mehr als die Wellnessbranche: Verwöhnurlaub für die Seele. Genau das ist es. Nicht mehr und nicht weniger. Dagegen ist nichts einzuwenden. Auszeiten sind notwendig. In ihnen schöpfen wir Kraft und regenerieren unsere Energien. Anders ist es, wenn der Wellnessurlaub eine Ersatzhandlung darstellt und wir im warmen Wasser des Hotelpools, unter den geschulten Händen des Masseurs, bei Entspannungsmusik und betörendem Duft von den Sorgen und Nöten loskommen wollen, die wir in uns tragen. Dann wird die Auszeit zum Ziel ständiger Sehnsucht, zu einer Scheinwelt. Spätestens in dem Moment, in dem Sie in Ihr Auto steigen und das Navigationssystem auf »nach Hause« programmieren, ist alles wieder so, wie es war. Alle Ängste, Zweifel und Mangelzustände kommen zurück.

Was wollen Sie eigentlich wirklich? Sie wollen Ihren emotionalen Zustand verändern. Denn selbst wenn Sie Multimillionär wären und sich für Monate in die schönste Suite eines Luxushotels einnisten könnten, selbst wenn Sie sich täglich Massagen, Kosmetikbehandlungen oder ein Candle-Light-Dinner leisten würden – was würde das in Ihrem tiefsten Inneren und in dessen Folge in Ihrem Leben verändern? Nichts.

Eine meiner Kundinnen, die unter ihrer unglücklichen Ehe litt, erzählte mir, dass sie ein kleines Vermögen für Wellnessprogramme ausgegeben hatte. Wenn es zu Hause an Harmonie und Verständnis fehlte, wenn sie ihre Ehe als stumpf und kalt erlebte, sehnte sie sich nach Wärme, körperlicher und seelischer Zuwendung, nach Aufmerksamkeit und Wertschätzung. Die Sehnsucht trieb sie so lange an fremde Orte, bis ihr die Hotelaufenthalte zum Hals heraushingen.

Wir müssen erkennen, dass wir wertvolle Zeit damit verschwenden, der Sehnsucht zu folgen, statt uns darum zu kümmern, dass das, was wir wirklich erfahren wollen, in unser Leben kommt. Sehnsucht kostet nicht nur Energie, sondern sie stiehlt uns auch unsere Zeit.

Erleben statt Sehnen

Als ich mir meiner Sehnsuchtsmuster bewusst wurde und erkannte, welche Gefühle ich von einem Aufenthalt in Rimini erwarte, konnte ich die Sehnsucht mit dem zweiten Schritt der Mentalen Resonanz Methode durchschauen. »Was hat das mit mir zu tun? Um was geht es eigentlich wirklich?« lautete die Frage an mein Unterbewusstsein und die Antwort kam aus meinem tiefsten Inneren: Es geht um ein unbeschwertes, konfliktfreies und sorgenfreies Leben. Nicht einmal im Jahr »so tun als ob«, sondern täglich »so sein, so empfinden«. Nicht in der Sehnsucht verharren, sondern sie als Hinweis auf ein Defizit zu identifizieren – darum geht es.

Das Lösen eines Sehnsuchtsmusters schleudert uns ins Hier und Jetzt. Wir landen mit beiden Beinen auf dem Boden der Tatsachen, und das ist die Voraussetzung dafür, dass wir in unserem Leben unsere Ziele erreichen können.

Hinterfragen Sie Ihre Sehnsüchte und spüren Sie das Gefühl auf, das Sie in Ihren Sehnsüchten statt in der Realität leben. Gehen Sie mit der Aufmerksamkeit auf dieses Gefühl und stellen Sie die Frage: Um was (im Sinne von: um welches Gefühl) geht es eigentlich wirklich? Entscheiden Sie sich dann sehr bewusst dafür, dass Sie dieses Gefühl in Ihrer Realität leben, so dass Sie nicht länger die Scheinwelt der Sehnsucht benötigen, um Ihr Wunschgefühl zu spüren.

Am besten zerlegen Sie Ihr Sehnsuchtsszenario in einzelne Szenen und gehen in jede einzelne hinein. Welches Gefühl wird wach? Um was geht es eigentlich wirklich? Ich habe mir die Anreise nach Rimini vorgestellt, die Ankunft, den ersten Tag am Meer, den Abend in der Hotelbar, den Bummel auf der Strandpromenade, den Espresso in meinem Lieblingscafé, das Schwätzchen mit dem Kioskbesitzer ... Jede einzelne Szene habe ich befragt: »Um was geht es eigentlich wirklich?« und sie damit entlarvt. Schließlich habe ich mit der Frage: »Was will ich selbst in dieser Situation haben oder sein, was will ich selbst wirklich?« herausgefunden, dass ich Harmonie in meinem Alltag haben und leben möchte – im Beruf genauso wie im Privatleben –, und mich für dieses Gefühl, für den emotionalen Zustand, entschieden.

»Verträume nicht dein Leben, sondern lebe deinen Traum«, heißt es in einem oft zitierten Vers. Den Traum leben bedeutet aber eben nicht, der Sehnsucht zu folgen und Jahr für Jahr nach Rimini zu fahren, weil die Straße der Sehnsucht in eine Sackgasse führt. Seinen Traum leben heißt, die Straße der Sehnsucht zu verlassen und die Gefühle, die man wirklich haben möchte, in die Realität zu integrieren.

Ich habe schon länger nicht mehr nachgeschaut, wie das Wetter in Rimini ist. Mein Rimini-T-Shirt liegt seit Wochen unbeachtet im Schrank. Es ist eine Erinnerung an eine vergangene Zeit. Wie mein Fotoalbum. Schön war's. Damals. Jutta hat im Internet einen neuen Urlaubsort für den kommenden Sommer ausgesucht. Die Vorfreude auf ein neues, unbekanntes Ziel erfüllt uns von Tag zu Tag mehr. Vorfreude ist das Gegenteil von Sehnsucht. Der Vorfreude wohnt nämlich die Gewissheit inne, dass das Erwünschte Realität wird. Deshalb ist die Vorfreude ein ebenso konstruktives Gefühl wie die Dankbarkeit. Die Verbindung von beidem, die Gewissheit, eine Absicht wird sich realisieren, und die Dankbarkeit dafür, ist ein wichtiger Schlüssel zum Glück. Wenn Sie diesen Schlüssel gefunden haben – ich gebe zu, ich verlege oder verliere ihn selbst noch gelegentlich –, dann surfen Sie leichter auf der Welle des Lebens.

Ein Gift namens Schuldgefühl

Menschen machen Fehler. Mancher Fehler ist so groß, dass ein Mensch sich schuldig macht. Wer zum Beispiel nach dem Genuss von Alkohol einen Verkehrsunfall verursacht, hat eine Schuld auf sich geladen, für die er zur Rechenschaft gezogen wird. Wer im Streit ausrastet und einen anderen Menschen verbal oder körperlich attackiert, hat allen Grund, sich zu entschuldigen, also darum zu bitten, dass ihm sein Fehler vergeben wird. Schuldgefühle haben jedoch nichts mit Schuld, Entschuldigung und Vergebung zu tun. Sie sind eine anerzogene Angst vor Bestrafung oder davor, sich elend und schlecht zu fühlen.

Schuldgefühle verhindern in Situationen, in denen sie aktiv sind, die Möglichkeit, ein selbstbestimmtes Lebens zu führen. Sie sind Gift für jede Partnerschaft und für jedes Familienleben, nicht zuletzt deswegen, weil sie Entwicklung verhindern. Denn Schuldgefühle sind rückwärts gerichtet und projizieren ständig Ereignisse der Vergangenheit in die Gegenwart. Wir bestrafen uns permanent selbst für etwas, das nicht mehr rückgängig gemacht werden kann oder sogar nur in unserer Einbildung existiert.

Schuldgefühle kommen oft in einer sehr raffinierten Verkleidung daher und werden häufig mit Liebe verwechselt. Tatsächlich aber sind sie das Gegenteil von Liebe, denn sie entspringen einer Abhängigkeit, während die Liebe auf Freiheit fußt.

Die Ohnmacht der Gewohnheit

Aus Schuldgefühlen trennte ich mich damals nicht von meiner Frau, obwohl die Ehe ein nicht mehr zu rettendes Trümmerfeld war. Ich fühlte mich meinen Kindern und ihr gegenüber irgendwie besser, wenn ich den Schein wahrte und zugleich eine heimliche Geliebte hatte, als wenn ich zu meinen wahren Gefühlen gestanden hätte. Denn mein Schuldgefühl ebnete mir den Weg in die Opferrolle. »Seht her, was ich für euch tue …« Meine Schuldgefühle halfen mir, mich auf Kosten anderer besser zu fühlen. Tatsächlich aber bremsten sie nicht nur meinen Lebensfluss, sondern auch den meiner Familie und den meiner Freundin. Nichts ging mehr, das ganze System drehte sich im Kreis.

Wer sich an Schuldgefühle gewöhnt hat, sorgt dafür, dass er immer wieder Situationen erschafft, in denen er sein Muster leben kann. Lange nach der Trennung von meiner ersten Frau lebte ich meine Schuldgefühle, indem ich Rechnungen spät oder gar nicht bezahlte und mich deswegen schuldig fühlte.

> **Ich schuf also selbst die Lebensumstände, die es mir ermöglichten, in mein gewohntes Gefühl zu gehen. Ich sorgte dafür, dass ich immer wieder im selben Dilemma endete. Mein Problem war, dass ich mich auf subtile Weise als Schuldiger wohl fühlte, so paradox es klingen mag.**

Ich kannte diese Energie, sie fühlte sich vertraut und deshalb richtig an. Und so entschied ich mich stets aufs Neue für den Wolf im Schafspelz. So machen es viele Menschen. Sie sind außerstande wahrzunehmen, dass das, was bekannt und vertraut ist, in Wahrheit zerstörerisch wirkt und sie mit der Zeit mental umbringt.

Gefährdet für Manipulationsversuche

Eine der besonders negativen Begleiterscheinungen von Schuldgefühlen ist die, dass sie den Menschen willfährig machen. Menschen mit Schuldgefühlen sind leicht zu manipulieren. Vor einiger Zeit lernte ich einen renommierten Rechtsanwalt kennen. Hinter der Fassade seines Erfolges schlummerte tiefes Unglück, gespeist aus Angst und Resignation. Er war in einem Jesuiteninternat groß geworden und hatte dort schlimmste Erfahrungen mit Brutalität und Misshandlung gemacht. Seine Kinderseele hatte früh den Glaubenssatz »Ich darf das nicht« in Kombination mit einer panischen Angst vor Strafe abgespeichert. Diese Angst und der Glaubenssatz wurden später angetriggert, sobald der Mann sich selbst etwas gönnte. Ein neues Auto, ein Urlaub, ein Cappuccino in der Mittagspause weckten die alten Emotionen und stießen das Muster an. »Ich darf das nicht! Das steht mir nicht zu. Das habe ich nicht verdient. Es könnte zur Bestrafung führen.«

Misshandelte Kinder tun alles, um der Strafe nie wieder zu begegnen. Deshalb können Personen, mit denen die Betroffenen später dieses Muster leben, den von Schuldgefühlen Geplagten nach allen Regeln der Kunst manipulieren oder ausbeuten, denn Schuldgefühle führen immer zu Verzicht, zur Beschränkung, zur Abtrennung von den eigenen Bedürfnissen.

Wenn mein Klient, der Rechtsanwalt, seiner Frau ein teures Hobby finanzierte, seinen Kindern ein mehr als großzügiges Taschengeld zukommen ließ oder seiner Mutter ein aufwändiges Geburtstagsfest ausrichtete, fühlte er sich gut. Sein Sohn musste nur »Laptop« denken, dann stand der Mann schon im Elektronikgeschäft und erwarb den besten tragbaren Computer, der vorrätig war. Es ist großartig, wenn Eltern um das Wohl ihrer Kinder bemüht sind und ihnen eine Freude machen wollen. Wenn es aber zwanghafte Züge annimmt, sind meistens Schuldgefühle im Spiel, die auf diese Weise gedeckelt werden. Das Erfüllen aller materiellen Wünsche ist das Verhaltensmuster, das dazu dient, die Schuldgefühle nicht zu spüren. Es ist der Versuch, sich freizukaufen. Manchmal drängte der Mann seine Kinder förmlich dazu, sich etwas zu kaufen, was sie gar nicht haben wollten, nur weil er sich dann besser fühlte. Was unter dem Deckmäntelchen der Freigiebigkeit und des Wohlwollens daherkommt, diente letztlich nur dazu, das eigene Muster zu bedienen.

Das Perfide an der Situation ist, dass es für Schuldgefühle gegenüber jenen, die mit unseren Geschenken begünstigt oder gar überschüttet werden, gar keinen Grund gibt. Die Kinder, die Ehefrau, die Eltern werden »benutzt«, um das Muster leben zu können. Sie werden gleichsam in Sippenhaft genommen für etwas, das sie weder verursacht noch zu verantworten haben und was sie erst recht nicht verändern können.

Der Weg in die Freiheit

Schuldgefühle hängen in Schultern und Nacken. Wer seine Schuldgefühle im Körper sucht, wird sie dort finden. Menschen, die ihre Schuldgefühle mit der Mentalen Resonanz Methode lösen, benötigen oft den fünften Schritt: »Was muss ich tun, damit das (die Gefühle des Potenzials) Realität ist?« und die Antwort lautet häufig: »Vergeben«, »Vergib mir!« oder »Bitte verzeih mir!« Wichtig: Diese Bitte richtet man an sich selbst, nicht an einen anderen.

Erst mit dieser Antwort, die aus dem tiefsten Inneren und nicht vom Verstand kommt, kann der Prozess der Neuausrichtung vollständig abgeschlossen werden. Das heißt, wir müssen noch einmal mit unserer gesamten Aufmerksamkeit in das Schuldgefühl eintauchen und um Vergebung, Verzeihung, Befreiung oder gar Begnadigung bitten. Das ist von Fall zu Fall unterschiedlich. Probieren Sie aus, welche Formulierung Ihnen die Last von den Schultern nimmt. Die eigentliche Heilung besteht darin, dass Sie sich selbst vergeben können, weil Sie erkennen, dass Sie es zu dem fraglichen Zeitpunkt und unter den gegebenen Umständen nicht besser wussten oder konnten – oder darin, dass Sie erkennen, dass Sie gar keine Schuld tragen, sondern sich diese nur eingebildet haben.

Der Hauptgrund für meine existenzielle Krise war mein Schuldgefühl. In dieser Angelegenheit lebte ich in einer Symbiose mit meiner Mutter, die enorme Schuldgefühle hatte. Indem sie mich unterstützte und mir Geld gab, konnte sie ihr Muster leben. Meine Krise verhalf damit ihr dazu, ihre Schuldgefühle durch Freikauf zumindest zeitweilig zu ertragen. Als ich das Muster gelöst hatte, war ich frei. Ich war abgenabelt, ich war aus ihrem System ausgetreten und danach endlich in der Lage, ein selbstbestimmtes Leben aufzubauen.

Glücklich sein – Begleiterscheinung der Selbstverwirklichung

Veränderung ist das Einzige, was Bestand hat. Die Veränderung gehört zum Leben jedes Einzelnen wie zur Geschichte der gesamten Menschheit. Ohne Veränderung säße ich jetzt im Schein des Feuers in einer Höhle und nicht am Schreibtisch in einem gut beheizten, komfortablen Büro.

Kennen Sie jemanden, der einen Orden dafür bekommen hat, dass er alles beim Alten gelassen hat? Hat man jemals ein Denkmal für einen Menschen gebaut, der den gegenwärtigen Zustand zementiert hat?

Unsere Aufgabe heißt Veränderung

In der Schule lasen wir im Unterricht die berühmten kurzen *Geschichten von Herrn Keuner* von Bertolt Brecht. Eine, die ich damals überhaupt nicht verstanden habe, ist mir bis heute sehr gut in Erinnerung geblieben. Sie lautet:

»Ein Mann, der Herrn K. lange nicht gesehen hatte, begrüßte ihn mit den Worten: ›Sie haben sich gar nicht verändert.‹ ›Oh!‹ sagte Herr K. und erbleichte.«

Als junger Mensch kann man mit diesem kleinen Text nichts anfangen. Jedenfalls ist es mir damals so ergangen. Heute weiß ich genau, was damit gemeint ist: Veränderung ist die Aufgabe und die Herausforderung unseres Lebens von der Geburt bis zum Tod. Wer diesem Anspruch nicht gerecht wird, entzieht sich dem Lebensfluss.

Jeder Weg beginnt mit dem ersten Schritt. Ich selbst habe mein Leben auch nicht über Nacht in den Griff bekommen, aber Tag für Tag ein bisschen mehr.

Ich habe Klienten erlebt, die in jeder Hinsicht am Boden lagen, als wir uns erstmals begegneten, und die binnen Jahresfrist zu sich selbst gefunden haben und in ihre Kraft gekommen sind, so dass sie ein selbstbestimmtes, glückliches, erfolgreiches Leben führen konnten.

Unsere größten Widersacher in diesem Prozess sind Gewohnheit, Zweifel und Skepsis, unsere größten Förderer heißen Vertrauen, Beharrlichkeit und Geduld.

Vielen Menschen macht die Vorstellung, dass sie sich von etwas Gewohntem verabschieden werden, große Angst. Die Wahrheit ist, dass sie sich längst innerlich gelöst haben, das Wissen darum aber verdrängen.

Statt den Tatsachen ins Gesicht zu blicken, leben sie in der Hoffnung, die Dinge würden sich schon irgendwie positiv entwickeln. Jedoch:

Die Umstände verändern sich erst dann, wenn wir uns verändern.

Ich überprüfe ständig, was ich jetzt, heute und hier haben möchte, und entscheide mich dafür. Dieser Prozess hört nie auf. Es gibt also nicht *ein* großes Ziel, auf das man hinarbeitet, sondern der Weg zu diesem großen Ziel ist bestückt mit Hunderten und Tausenden von Zwischenzielen. Es müssen Zwischenentscheidungen getroffen werden und man muss sich immer wieder bewusst werden, was man wirklich will.

Wir treffen also immer wieder die Wahl für die Dinge, die wir wirklich wollen. Je öfter wir die Wahl treffen, umso mehr Erfolg haben wir, umso mehr ist unser Leben im Fluss.

Wenn mich meine Intuition dann in eine Richtung lenkt, gebe ich ihr nach und akzeptiere sie als meinen Kompass. Das kann ich allerdings erst, seit ich Vertrauen ins Leben habe und in der Lage bin, klare Absichten zu treffen.

Jeder kann die Welt verändern

Sie alle kennen den Satz: »Jeder hat das Recht, glücklich zu sein.« Ich möchte einen Schritt weiter gehen und sagen: »Jeder hat die Pflicht, glücklich zu sein.«

Jede Gemeinschaft ist so stark wie ihr schwächstes Glied. Wir alle erleben das täglich. Ist beispielsweise ein Familienmitglied in einem inneren Konflikt gefangen, spürt das ganze Umfeld die Disharmonie. Wir gehen in Resonanz mit der negativen Schwingung des uns nahestehenden Menschen und reagieren auf das, was er aussendet. Das finanzielle Fiasko, die Lieblosigkeit zwischen den Eltern, die Minderwertigkeitsgefühle des Vaters gegenüber den gut situierten Nachbarn, der Schmerz über verpasste Chancen, die Schuldgefühle, die Resignation, die Aggression, die Depression – das alles breitet sich in unserem Mikrokosmos aus wie eine Giftwolke. Abhängig von ihrer eigenen Ausrichtung reagieren die nahe stehenden Menschen darauf mit Ohnmacht, Traurigkeit, Gewissensbissen oder ihrerseits mit Schuldgefühlen, Resignation oder Depression. Was für die Familie gilt, trifft ebenso auf den Freundes- oder den Kollegenkreis zu.

Umfragen belegen, dass den Berufstätigen das Betriebsklima wichtiger ist als eine Gehaltserhöhung. Aber wie entsteht eine gute Stimmung am Arbeitsplatz? Indem alle Mitglieder der Gemeinschaft zufriedene und ausgeglichene, also glückliche Menschen sind. Ich kann nicht dafür sorgen, dass ein anderer Mensch sich glücklich fühlt. Das ist auch nicht meine Aufgabe. Es reicht, wenn ich das tue, was in meiner Macht steht.

Der einzige Mensch, den ich verändern kann, bin ich selbst. Wenn wir uns verändern, verändern wir auch unser Umfeld. Die Welt reflektiert das, was wir aussenden. Unser Glücklichsein ist das schönste Geschenk, das wir der Welt machen können.

Wenn wir unglücklich sind, dann liegt es daran, dass die angetroffene Realität nicht unserem innersten, vollkommenen Wesen entspricht. Es ist sinnlos und dient niemandem, sich zu opfern und um eines anderen Menschen willen sein eigenes Unglück in Kauf zu nehmen, denn die Schwingung des Unglücks infiziert genau den, den wir durch unser Opfer verschonen oder begünstigen wollen. Es nützt auch nichts, so zu tun, als ob ich glücklich wäre, wenn ich es in meinem tiefsten Inneren nicht bin. Die Schwingung, die Sie mit Ihrem emotionalen Zustand aussenden, lässt sich nicht manipulieren. Was Sie aussenden, ist immer wahr und echt, denn Ihr Unterbewusstsein ist unbestechlich und lässt sich durch nichts korrumpieren.

Wenn Sie die Firma Ihres Vaters übernehmen, nur um ihn nicht zu enttäuschen, wenn Sie bei Ihrem Partner bleiben, obgleich Sie ihn nicht mehr lieben, dem Ehemann zum Gefallen einen Golfkurs belegen, obwohl Sie diesem Sport nichts abgewinnen können – dann bringt das alles kein Glück, sondern die Schwingung von Fremdbestimmung, Abhängigkeit oder Opferverhalten.

Die Formel für Glück

Haben Sie sich schon einmal Gedanken gemacht, ob es eine Formel für Glück gibt?

Immer dann, wenn wir ein tiefes inneres Bedürfnis verwirklicht haben, tritt der Zustand des Glücklichseins ein. Das Glücklichsein ist also eine Begleiterscheinung der Selbstverwirklichung.

Das Gegenteil von Selbstverwirklichung sind Burn-out und Depression. In diesen Fällen scheitert das Glücklichsein entweder daran, dass ich nicht weiß, was ich will, oder daran, dass ich zwar weiß, was ich will, aber es aufgrund meiner Ängste und Muster nicht umsetzen kann. Die gute Nachricht ist: In beiden Fällen ist die Arbeit mit der Mentalen Resonanz Methode der Schlüssel zur Veränderung. Ich kann herausfinden, was ich wirklich will. Ich kann meine Ängste zu Potenzialen transformieren und meine Verhinderungsmuster lösen. Ich kann mich also auf den Weg machen, frei und glücklich zu werden.

Sie möchten, dass Ihre Eltern, Ihre Kinder oder Ihr Partner glücklich und unbeschwert sind? Dann sorgen Sie jetzt für Ihr eigenes Glück und senden diese Schwingung aus. Lösen Sie dazu alle negativen Gefühle und destruktiven Muster mit der Mentalen Resonanz Methode auf.

Wenn Sie sich dem Wohlergehen Ihrer Familie, Ihrer Freunde, Bekannten und Kollegen verpflichtet fühlen, dann seien Sie glücklich!

Epilog

Ich ertappe mich hin und wieder heute noch dabei, dass ich die Blätter des Toilettenpapiers abzähle. In unserer schweren Zeit war bei Jutta und mir alles rationiert, alles genau eingeteilt.

Manchmal hatten wir nur 20 Euro, um uns beide und meinen Sohn Maurice, der damals bei uns wohnte, eine Woche lang zu ernähren.

Wir kreierten Tomatensoßen in zahlreichen Variationen. Nudeln mit Tomatensoße standen fast jeden zweiten Tag auf dem Speiseplan. Nudeln sind preiswert und machen satt, Tomatensoße ist gesund und schmeckte nicht nur uns, sondern auch meinem Sohn.

Letztens sah ich in einer Buchhandlung ein Kochbuch für Menschen, die nicht mehr als 5 Euro pro Tag für Lebensmittel ausgeben können oder wollen. Dieses Kochbuch hätten Jutta und ich auch schreiben können, ebenso wie einen Freizeitführer für Familien, die kein Geld für Eintrittskarten in Zoos oder Schwimmbäder haben. Wir ließen uns nämlich damals allerlei einfallen, um Maurice und meinen beiden anderen Kindern, die jedes zweite Wochenende bei uns verbrachten, eine schöne Zeit zu bereiten.

Wir besuchten die Tiere auf den umliegenden Wiesen oder organisierten Picknicks im Wald und konnten dabei für eine gewisse Zeit unsere drückenden Sorgen vergessen. Aber je mehr ich an mir arbeitete, desto mehr wurde ich belohnt. Je mehr Muster ich löste, desto häufiger lösten sich meine Alltagsprobleme und zwar nicht nur auf emotionaler Ebene, sondern ganz konkret, wie folgende Geschichte zeigt:

Mein Sohn Maurice war zu einer Erholungskur in Bad Sassendorf. Nach sechs Wochen sollten wir ihn dort wieder abholen.

Ich hatte nicht die geringste Ahnung, wie ich das Benzin für die weite Fahrt bezahlen sollte. Die Anfahrt war nicht das Problem: Wir füllten zu Hause wie immer Heizöl in den Tank unseres alten Golfs. Aber wie sollte die Heimfahrt mit Maurice auf der Rückbank aussehen? Ich konnte doch in Bad Sassendorf kein Heizöllager ansteuern und sagen: »Einmal volltanken bitte!« Wir traten mit zehn Euro im Geldbeutel und einem sehr flauen Gefühl im Bauch die Fahrt ins Kurheim an.

Unterwegs kam Jutta die rettende Idee. Sie hat ihre Berufsausbildung bei einer Krankenkasse absolviert und erinnerte sich, dass für medizinisch notwendige Fahrten Reisekostenerstattungen gewährt werden. Die Kur von Maurice war notwendig und die Fahrt mithin auch. Um sicher zu gehen, dass wir uns nicht zu früh freuten, stoppten wir an einer Telefonzelle und riefen im Kurheim an. »Ja«, lautete die Antwort, »Sie können hier ein Formular ausfüllen, das Sie dann bei der Krankenkasse ...« »Entschuldigung«, unterbrach Jutta die freundliche Dame am Telefon, »ich weiß, es klingt blöd, aber wir brauchen das Geld sofort. Können Sie es uns nachher in bar auszahlen?« »Nein«, erwiderte die Dame, »das geht leider nicht.« Jutta bettelte so überzeugend, dass die Stimme am anderen Ende der Leitung versprach, zu prüfen, was sich machen ließe.

Und tatsächlich, vor Ort nahmen wir nicht nur unser Kind, sondern auch einen Umschlag mit 350 Euro in Empfang – ein Vermögen für uns! So viel Geld hatten wir üblicherweise nicht einmal für den ganzen Monat zur Verfügung. Das musste gefeiert werden! Zur Freude von Maurice bei McDonald's. Jeder durfte sich bestellen, was er wollte – ohne Preis- und Mengenbeschränkungen. Wann hatte es das zuletzt gegeben? Wir genossen den Tag in vollen Zügen.

Nutze den Augenblick! Das ist ein ganz wichtiges Gesetz des Lebens. Egal, wie aussichtslos Ihre Lage erscheint, geben Sie niemals auf. Hören Sie niemals auf, Absichten zu treffen. Wer aufhört, Absichten zu treffen, ist tot, auch wenn das Herz noch schlägt.

Es bringt nichts, an der Vergangenheit festzuhalten, und es ist genauso sinnlos, in der Zukunft zu leben. Die Vergangenheit ist vor allem eines: vorbei. Es gibt kein Zurück. Und die Zukunft hat noch nicht begonnen. Sie ist eine Fiktion. Das Glück von gestern und die Hoffnung auf das Glück von morgen entfremden uns von unserer Realität. Unsere Realität ist heute, jetzt und hier. Wer den Augenblick nicht leben kann, verpasst sein Leben.

Ich habe inzwischen in meiner Arbeit, in Seminaren, Ausbildungen oder Einzeltrainings tausende Menschen kennengelernt. Manchen konnte mit der Lösung eines einzigen Musters geholfen werden, manche hatten viele Muster und Blockaden, die untereinander wiederum zahlreiche Verknüpfungen aufwiesen. Menschen, die beispielsweise unter Selbstbestrafungsprogrammen leiden, am Rande einer Depression stehen oder aufgrund ihrer seelischen Disharmonien bereits schwere körperliche Symptome entwickelt haben, dürfen nicht erwarten, nach einem Tagesseminar oder einem Einzeltraining geheilt zu sein. Der beste Weg ist meiner Erfahrung nach der Besuch eines Seminars, das Erlernen der Mentalen Resonanz Methode mit diesem Buch oder der DVD und die tägliche Anwendung. Wenn Sie dann stecken bleiben und alleine nicht weiterkommen, bringen Sie den Prozess durch ein Einzeltraining wieder in Gang.

Es dauert neun Monate, bis ein Kind im Mutterleib heranwächst. Es braucht zwei bis drei Jahre, um einen Beruf zu erlernen. Wenn Sie verstehen wollen, wie das Leben funktioniert, müssen Sie sich dafür auch genügend Zeit einräumen. Je mehr Sie an sich arbeiten, desto schneller schaffen Sie es. Diese einfache Lebensregel gilt auch hier.

Wie viel Zeit nehmen Sie sich, um endlich frei zu sein?

Anhang

Was will ich haben oder sein

Qualitäten, innere Werte und Potenziale, die wir mit der Mentalen Resonanz Methode erschließen können:

- Abgrenzung
- Akzeptanz (mich selbst akzeptieren)
- all eins sein (mich mit allem verbunden fühlen)
- Anerkennung
- Aufrichtigkeit (aufrecht stehen)
- da sein dürfen (Daseinsberechtigung)
- Dankbarkeit
- einen eigenen Standpunkt haben und vertreten
- einfach ich selbst sein (dürfen)
- erfolgreich sein (es schaffen, es hinbekommen)
- Existenzberechtigung
- Freiheit, frei sein
- Frieden
- Fülle
- Geborgenheit
- Gelassenheit
- geliebt sein
- Gleichmut
- ich selbst sein
- im eigenen Körper sein
- innerer Halt (gehalten sein)

- leben (mein Leben leben)
- Liebe (mich selbst lieben)
- mich angenommen fühlen
- mich selbst verwirklichen
- mich vollkommen/ganz fühlen
- mir selbst trauen können (Ehrlichkeit sich selbst gegenüber)
- Präsenz, präsent sein
- Respekt (mich selbst respektieren)
- Ruhe
- Schöpferbewusstsein
- Selbstachtung
- Selbstbestimmung
- Selbstsicherheit (mir meiner sicher sein)
- Sicherheit (sich fallen lassen dürfen)
- Trost, getröstet sein
- Verantwortung (für mein Leben übernehmen)
- verletzlich sein (d.h. sein Herz öffnen)
- versorgt sein
- Verständnis (sich verstanden fühlen)
- Vertrauen (mir selbst vertrauen, dem Leben vertrauen)
- Wertschätzung (erkennen, was ich zu geben habe)
- Zufriedenheit
- Zuversicht
- Zuwendung
- und viele mehr

Süchte und ihre Bedeutung in unserem Leben

Art der Sucht	Negatives Gefühl	Scheinpotenzial	Auswirkungen
Adipositas	Unzufriedenheit mit dem Leben	Zufriedenheit, Wohlgefühl	Fettleibigkeit
Alkoholsucht	Minderwertigkeit Schwäche Ohnmacht, Wut	Selbstbewusstsein Stärke Macht	Körperliche Zerstörung Ohnmacht
Arbeitssucht	Fehlender Selbstwert	Anerkennung	Burn out
Harmoniesucht	Innerer Konflikt	Ausgeglichenheit, innerer Friede	Kontrollzwänge, soziale Isolation
Haschisch	Erfolglosigkeit	Über den Dingen stehen, den Durchblick haben Scheinmotivation	Antriebslosigkeit, Depression
Heroin	Unglücklich sein, keinen Platz im Leben haben	Absolute Glückseeligkeit	Selbstaufgabe
Herrschsucht	Ohnmacht	Machtgefühl	Soziale Distanz, Lieblosigkeit
Kaufsucht	Wertlos sein	Selbstwert	Finanzielle Probleme
Kokain Ecstasy	Überforderung	Power, Leistungsvermögen	Sinkende intellektuelle Fähigkeiten
Magersucht	Ablehnen des eigenen Körpers	Zufriedenheit mit sich selbst	Unterversorgung des Körpers

Sexsucht	Das Gefühl, als Person nicht gut genug zu sein, nicht zu genügen	Rauschähnliche Glückseeligkeit	Isolation im (Sexual)Leben
Spielsucht	Angst, ein Verlierer zu sein, im Leben nichts erreichen zu können	Ein Gewinner sein, das Leben meistern	materieller Exitus
Tabaksucht	Unfreiheit	Innere Freiheit	Körperliche Zerstörung
Tobsucht	Ohnmacht, ausgeliefert sein	Macht, Befreiung	Isolation, Schuldgefühle, Vereinsamung

Danksagung

Ich danke meiner Wegbegleiterin und lieben Frau Jutta. Ohne sie hätte ich diesen Weg nicht gehen können. Wahrscheinlich hätte ich ihn nicht einmal überlebt. Ich wusste zuvor nicht, was Liebe überhaupt ist, und ich wusste nicht, dass ein Mensch so lieben kann, wie sie es tut. Was wäre ohne Jutta bloß aus mir geworden?

Ich danke meiner Mutter. Sie hat gegeben, was sie geben konnte, und mir ohne einen Vorwurf all meine Dummheiten, unter denen sie sehr zu leiden hatte, verziehen.

Ich danke meiner Agentin Gaby Allendorf für ihre unaufhörliche und zielstrebige Unterstützung, um diese Lebensphilosophie und meine Methode mithilfe einer DVD und besonders mit diesem Buch an die Öffentlichkeit zu bringen. Ohne sie wäre mir das nie gelungen.

Ralf Bihlmaier

Weitere Informationen und Bezugsquellen

Erfahren Sie mehr über die Kraft der Gedanken und die Mentale Resonanz Methode von Ralf Bihlmaier:

- in seinen Tagesseminaren, die er regelmäßig in verschiedenen großen Städten anbietet
- in persönlichen Einzeltrainings bei ihm oder einem von ihm nach seiner Methode ausgebildeten und empfohlenen Trainer, um Ihre tief sitzenden Ängste und Blockaden aufzuspüren und destruktive Denk- und Verhaltensmuster zu löschen. So bekommen Sie die mentale Ausrichtung, die Sie benötigen, um Ihre jeweiligen Ziele zu erreichen
- durch seine Schulungs-DVD
- durch sein 30-Tage-Programm für zu Hause
- durch seine Vorträge
- oder lassen Sie sich von Ralf Bihlmaier zum Mentaltrainer ausbilden

Alle aktuellen Produkte von Bihlmaier Media und die jeweiligen Termine finden Sie rund um die Uhr auf der Internetseite

www.bihlmaier-mentaltraining.de

Bihlmaier Mentaltraining OHG
Postfach 48
D-74636 Waldenburg
Telefon: 07942 / 947134-0
www.bihlmaier-mentaltraining.de
E-Mail: info@bihlmaier-mentaltraining.de

Das Leben
neu erobern
Susan Jeffers
Selbstvertrauen
gewinnen
Die Angst
vor der
Angst
verlieren
Kösel
Susan Jeffers entwickelte in ihrem erfolgreichen Buch
ein leicht umzusetzendes Programm.
Kösel
www.koesel.de